冲动消费：女性消费跟金钱无关

成本最小化：控制成本才最具竞争力

经济常识
一本全

JINGJICHANGSHI YIBEN QUAN

欧俊 ——— 编著

江西美术出版社
全国百佳出版单位

图书在版编目（CIP）数据

经济常识一本全/欧俊编著. -- 南昌：江西美术
出版社，2017.7（2021.11 重印）
ISBN 978-7-5480-5424-5

Ⅰ.①经… Ⅱ.①欧… Ⅲ.①经济学－通俗读物
Ⅳ.① F0-49

中国版本图书馆 CIP 数据核字 (2017) 第 112578 号

经济常识一本全　　欧俊　编著

出 版：江西美术出版社

社 址：南昌市子安路 66 号 邮编：330025

电 话：0791-86566329

发 行：010-88893001

印 刷：三河市华成印务有限公司

版 次：2017 年 10 月第 1 版

印 次：2021 年 11 月第 14 次印刷

开 本：880mm×1230mm 1/32

印 张：8

书 号：ISBN 978-7-5480-5424-5

定 价：35.00 元

前　言

　　在现实中，我们的生活时刻被经济的影子所萦绕，无论做什么都充满着经济的味道。经常关注各大门户网站的人，很容易就会总结出目前中国的热点问题，比如社会保障、住房、教育、医疗、物价、腐败、诚信、城建、就业、私有财产等问题，一口气就可以说上十来个，所有这些问题没有一个不与经济学密切相关，也没有一个不与老百姓的切身利益密切相关。而老百姓关注这些经济热点无非是想多积累点经验，以便自己面临利益博弈时，能多得点好处。有心者也许还会注意到，我们的一举一动几乎都与经济学有着千丝万缕的联系，例如商品价格起伏涨跌、口袋里的钞票价值增减、是买房还是炒股……而每个人的成长又何尝不充满了经济上的算计：当我们是学生时，家长要替我们算计是不是应该选择好一点的教育；大学毕业后，我们和家长一块儿算计是继续读研，还是工作；工作后有了收入，我们要决定该把多少用于支出，该把多少用于储蓄，该把多少用于投资；有一天有了自己的企业，我们还要算计自己的产品该收取多高的利润；还有我们的终身大事，该娶一个什么样的老婆，该嫁一个什么样的老公，虽然感情很重要，但最终还是要以利益来衡量，感情和面包都需要，或许面包还更重要一点……每一件大事小事背后其实都有一定的经济学规律和法则可循，我们的生活已经离不开经济学。用经济学的原理来反观我们的生活，其实我们就是生活在一个经济学乐园里，人生时时皆经济，生活处处皆经济。

　　正当各种经济现象及经济规则在我们身边交错上演时，我们真正能全面了解经济学常识并能让经济学常识为己所用的人却为数不多。我们或许都经历过或看到过这样一些情景：带上密友去相亲，结果促成了密友的一段姻缘；在考研与就业的无奈选择中，不知何去何从；懊悔于曾经荒废的美好时光，不能自拔；忘了带钱，楼下的小贩不允许你先带走西瓜再把钱送来……为什么你被密友取代？为什么你会迷茫？后悔有用吗？小贩为什么如此不信任你？这些谜底都能在经济学中一一揭开：你不懂得你和密友各自的比较优势；你没有算清楚考研和就业的机会成本；你不知道过去的事情就是覆水难收，属于沉没成本；

你不清楚小贩和你在进行一次性博弈……因此，要更深刻地了解那些存在于于我们身边的、关乎我们幸福和成功的生活现象背后的本质和真相，以便让我们在面临某些问题时能够更加睿智，不懂得一些经济学常识是不行的。经济学存在于我们每个人的日常行为中，我们每时每刻都在有意无意地运用经济规律进行选择和取舍，消费、投资、理财、谈判、营销、管理乃至人际交往、职场竞争、爱情婚姻等，都是一种经济活动，都包含着一些经济学规律。懂得一些经济学常识，可以帮助我们在生活中轻松地做出决策，过上有清晰思路的生活，游刃有余地应对庞杂生活中的一切问题，在日常消费中更加精明、在恋爱婚姻上少走弯路、在对人生的规划上更加理性……正如我国著名经济学家茅于轼先生所说的那样："经济学知识是每个做大事或做小事的人都需要懂得一点的一门学问，只有那些准备上荒岛去开荒且不与外界社会来往的人，学习经济学才会成为多余的事。"

　　为了帮助广大迷茫的读者朋友从"经济盲"的状态中摆脱出来，在日常经济生活中更加得心应手，更好地保护自己的利益，更好理解国家经济政策，学会自己分析经济形势，我们特精心编写了这部《经济常识一本全》。本书内容全面系统，囊括了有关市场、生产、消费、交换、资源配置、就业、货币、财政、贸易、宏观调控、经济周期、投资、教育、职场、人际关系、福利、两性等与老百姓的生活关系密切的经济学常识。为了便于读者轻松高效地掌握经济学常识，本书增加了大量的图片和故事，从而使讲解的知识更加直观、形象，同时采用生活化的语言，并结合大家都熟悉的日常生活中的案例，将经济学内在的深刻原理与奥妙之处娓娓道来。书中没有令人费解的图表和方程式，也没有艰深晦涩的经济学术语，而是让读者在快乐和享受中，迅速了解经济学的概貌，轻轻松松地获得经济学的常识，学会像经济学家一样思考，用经济学的视角和思维观察、剖析种种生活现象，指导自己的行为，解决生活中的各种难题。希望读者在了解经济学知识和智慧的同时，也能体验学习经济学的幸福和快乐。

目录
CONTENTS
经济常识一本全

上篇　微观经济学

中 篇　宏观经济学

下篇 生活中的经济学

洛阳纸贵

微观经济学

PART 01
微观经济学简述

起源发展：微观经济学的追踪

一、微观经济学的起源

早在200多年前，1776年，英国人亚当·斯密（1723～1790）出版了《国民财富的性质和原因的研究》，简称《国富论》，这本书是公认的第一本真正意义上的经济学著作。而斯密本人也被认为开创了近代政治经济学，被誉为"经济学之父"。

斯密在经济学上的主要贡献是：把政治经济学发展成了一个完整的体系；提出了分工促进经济增长的原理；批判了重农主义和重商主义，重农主义认为农业是唯一创造财富的产业，重商主义则认为商业流通是财富的唯一源泉，斯密在理论上批判了它们的偏见，认为只要是包含人类劳动的产品都具有价值；提出了政府的职能，即建立国防、建立严正的司法机构、建立并维持必要的公共工程，这被后人称为小政府的标准；提出了赋税的四项原则，即公平、确定、便利、节省，直到今天这仍然是各国税收的指导原则。

斯密的最大贡献是他提出了"看不见的手"的学说。他认为，人类社会存在着一种和谐的自然秩序。斯密的哲学思想和经济学思想，影响了后来的李嘉图、马尔萨斯和凯恩斯等人。

自亚当·斯密之后，经济学登堂入室，成为一门独立的科学，历久不

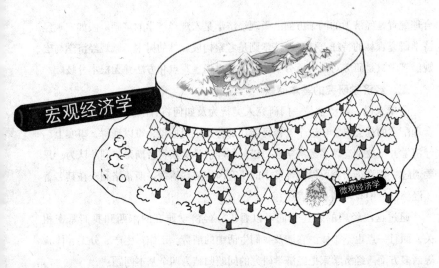

衰，甚至被称为所有社会科学的"皇后"。

微观经济学的历史渊源可追溯到亚当·斯密的《国富论》以及阿尔弗雷德·马歇尔的《经济学原理》。其中《国富论》正式奠定了经济学作为一门学科的独立地位。

20世纪30年代以后，英国的罗宾逊和美国的张伯伦在马歇尔的均衡价格理论的基础上，提出了厂商均衡理论，标志着微观经济学体系的最终确立。

二、微观经济学的内涵

微观经济学又称个体经济学，小经济学，是宏观经济学的对称。经济学原本没有微观和宏观之分，凯恩斯主义的宏观经济学盛行之后，这种着重研究个体经济行为的传统理论，就被称为微观经济学。

微观经济学是以企业、家庭和单个市场作为研究对象，研究供求行为与价格之间的关系等经济行为。研究对象是个别经济单位（居民户、厂商）的经济行为，解决的问题是资源配置，中心理论是价格理论，研究方法是个量分析，研究经济变量的单项数值如何决定。

宏观经济学研究的是一个国家整体经济的运行及政府运用经济政策来影响整体经济等宏观经济问题。研究对象是整个经济，解决的问题是资源利用，中心理论是国民收入决定理论，研究方法是总量分析。

微观经济学与宏观经济学的关系：两者互相补充，资源充分利用和资源合理配置是经济学的两个方面。微观经济学是宏观经济学的基础。假如宏观经济学研究森林的特征，微观经济学则是考察构成森林的树木。微观经济学与宏观经济学只是研究对象有所分工，两者的立场、观点和方法并无根本分歧。

三、经济学研究的基本问题

简单来说，经济学是一门研究人类行为及如何将有限或者稀缺资源进行合理配置的社会科学。这个解释可能让部分人觉得抽象，难以理解，事实上，经济学并不复杂。著名经济学家、诺贝尔经济学奖获得者斯蒂格利茨认为，只要通过一辆汽车，就可以把经济学的所有内容解释清楚。斯蒂格利茨在其名著《经济学》中有段精彩的表述：

通过这段经典的表述我们可以看出，经济学研究的东西和我们紧密相关，而且一点也不难懂。它涉及我们生活中的消费、工作、生产、分工、体验等诸多方面。经济学家把经济学研究的问题归结为四个基本问题：

1.生产什么，产量有多大

在这个问题中，生产什么，产量有多大是由供求关系（看不见的手）决定的，取决于厂商和消费者之间的相互作用。当然政府（看得见的手）也起一定的作用。

每一天，我们身边都有层出不穷的新产品，以及各式各样的服务，同时，每天也有产品和服务退出市场，而且它们的供应量和价格也在不断地变化。

2.产品是怎样产生的

这个问题涉及生产方式、科学技术、企业管理等方面的内容。在大多数经济体系中，产品的生产方式由厂商来决定，同样也有政府的参与，比如一些管理条文、经营许可证的颁发等。

3.产品为谁生产

产品生产出来，就面临了分配问题——为谁生产。在市场经济下，收入较高的人可以购买较多的产品和服务。而我们所接受的教育、拥有的储蓄、所持的观念、政府的税收和再分配计划等又决定了我们的消费水平。

4.谁做出经济决策，依照什么程序做出决策

在计划经济体制中，政府负责经济活动的一切决策。这个问题和上述三个问题都是由政府来给出答案。与计划经济相对应，另外一个是市场经济，生产什么，如何生产，由谁来消费主要依赖生产者和消费者的自由交换，通过市场调节来实现。现在，大多数国家的经济都是计划经济和市场经济两种体制兼有的混合经济。政府决策和私人决策混合在一起。

微观经济学基础：基本概念、假设和主体

一、微观经济学的两个基本概念

首先，是"资源的稀缺性"。"人的需求是无限的，相对于人的需求来说，任何资源都可能是稀缺的"。比如"人生自古谁无死"，对我们来说，时间都是有限的；住好房，开好车，周游世界需要很多钱，对大部分人来说，自己拥有的金钱是有限的。

资源的稀缺性是现代微观经济学的基本命题，资源的稀缺性及由此决定的人们要以最少消耗取得最大经济效益的愿望，是经济学作为一门独立的科学产生和发展的原因。

其次，是要牢记"机会成本"概念，即一定资源投入某一用途后所放弃的在其他用途中所能获得的利益。通俗地说，就是有得必有失，鱼与熊掌不可兼得。你选择了读大学就意味着要放弃做一份朝九晚五的全职工作的机会，有人会因为觉得读大学的机会成本太高而放弃。

美国经济学家、2001年诺贝尔经济学奖获得者斯蒂格利茨在其《经济学》一书中指出："经济学研究我们社会中的个人、企业、政府和其他组织如何进行选择，以及这些选择如何决定社会资源的使用方式。"每一个社会和个人都必须作出选择。欲望有轻重缓急之分，同一资源又可以满足不同的欲望。选择就是用有限的资源去满足什么欲望的决策。但在做选择时，务必请记住：一定要仔细权衡一下你的机会成本，这是提高选择能力需要培养的基本习惯之一。

一个选择对了，又一个选择对了，不断地作出正确的选择，到最后便产生了成功的结果；一个选择错了，又一个选择错了，不断地作出错误的选择，到最后便产生了失败的结果。若想有一个成功的人生，我们必须减少错误选择的概率，降低做错误选择的风险。这就必须预先明确你想要的结果是什么，而这本身又是一个选择。

由以上经济学的两个概念可以看出，其实经济学并非那些经济学家们才关注的话题，它其实发生在每个人的日常行为中，每个人生活中都在有意无意地运用经济学原理进行选择和取舍，企图以最小的成本获得最大的收益。所以有人将经济学戏称为平民的学问。

微观经济学研究市场中个体的经济行为，亦即单个家庭、单个厂商和单个市场的经济行为以及相应的经济变量数值的决定。它从资源稀缺这个基本概念出发，认为所有个体的行为准则是设法利用有限的资源取得最大的收获，并由此来考察个体取得最大收获的条件。

二、微观经济学的两个基本假设

微观经济学理论是以两个基本假设为前提的：第一，合乎理性的人。"经济人"都是以利己为动机，力图以最小的经济代价去追逐和获得自身的最大的经济利益。第二，充分、完全的信息。市场上的"经济人"都对有关的经济情况具有完全的信息。比如，对于消费者来说，完全的信息是指消费者了解欲购商品的价格、性能、使用后自己的满足程度，等等。

这两个基本假设总结起来就是：动机利己和信息透明。

三、微观经济学的分析主体

微观经济学是研究社会中单个经济单位的经济行为，以及相应的经济变量的单项数值如何决定的经济学说。亦称市场经济学或价格理论。微观经济学的中心理论是价格理论。微观经济学分析个体经济单位的经济行为，在此基础上，研究现代西方经济社会的市场机制运行及其在经济资源配置中的作用，并提出微观经济政策以纠正市场失灵。

微观经济学关心社会中的个人和各组织之间的交换过程，它研究的基本问题是资源配置的决定，其基本理论就是通过供求来决定相对价格的理论。所以微观经济学的主要范围包括消费者选择、厂商进行的供给和收入分配。

微观经济学主要理论有：均衡价格理论、消费者行为理论、生产者行为理论（包括生产理论、成本理论和市场均衡理论）、分配理论、一般均衡理论与福利经济学、市场失灵与微观经济政策。

经济实惠之学：学习经济学的好处

一、学习微观经济学的好处

（1）微观经济学是"经济实惠之学"，人人都能从微观经济学中淘到自己需要的宝贝。比如，爱情该如何选择？经济学其实存在于每个人的日常行为中，每个人在生活中都在有意无意地运用经济学原理进行选择和取舍，企图以最小的成本获得最大的收益。

（2）微观经济学是"成功幸福之学"。使人生幸福，正是经济学的宗旨所在。英国著名的戏剧家、1925年诺贝尔文学奖获得者萧伯纳曾经说过一句名言："经济学是一门使人生幸福的艺术。"经济学的研究对象是人，那么研究人类的幸福也应该是经济学的必由之路和归宿点。从经济学如何教人致富，如何合理利用人类稀缺的资源等问题来看，它的确如此。

（3）微观经济学是一门

"理性智慧之学"。斯蒂格里茨在其所著的《经济学》一书中，曾提出这样一个观点：像经济学家那样思考。言外之意，经济学家在思考问题、分析问题和解决问题时，有着独到的见解和智慧。学了经济学，我们少了一些盲目，多了智慧和理性。

二、微观经济学的指导作用

（1）学习微观经济学，可以用微观经济学来指导自己的经济实践，精明地参与经济生活。是升学还是就业？多少收入用于支出？多少用于储蓄？如果你是一个公司老板，你要决定对你的产品收取多高的价格。学习微观经济学可以帮助你在通往财富和智慧的道路上做出有利于自己的选择判断。

（2）学习经济学有助于了解你生活的世界，有许多经济问题会引起你的好奇心，可以启发自己对一些社会现象和热门话题进行分析和判断。

（3）学习微观经济学，有助于我们在购买消费物品时，用最低的价格买到更超值的商品。我们可以根据经济的基本走向和商品销售的冷旺来决定何时买、何处买更优惠。

诺贝尔经济学奖获得者、美国著名经济学家约翰·梅纳德·凯恩斯认为经济学"不是一种教条，而是一种方法、一种心灵的器官、一种思维的技巧，帮助拥有它的人得出正确的结论"。

三、经济学也会"撒谎"

我们学习任何一门学问，都是为了学以致用。但是，放之四海而皆准的学问是不存在的。因为，现实是绝对的，理论是相对的。任何一门学问都有局限性，都有失灵的时候，经济学也不例外。

经济学是一门解释社会现象的科学。当经济学理论和社会现实脱节的时候，经济学的局限性就会显现，就无法解释社会现象，出现经济学失灵的问题。我们看下面一个例子。

2008年11月，英国女王伊丽莎白二世视察了伦敦经济学院，并与一些教授讨论经济形势。她随后发问："为什么当初就没有一个人注意到它（金融危机）？"

"抱歉，女王陛下，我们没能预测到国际金融危机的到来。"英国一批顶尖经济学家于2009年7月25日在致女王伊丽莎白二世的信中这样写道。

英国《观察家报》报社得到了这封信的复件。信件的署名者皆为英国知名经济学家，包括伦敦经济学院教授、英格兰银行货币政策委员会委员蒂姆·贝斯利，伦敦大学著名历史学教授彼得·埃内西等。

在这封长达3页的信中，学者们除了表达歉意外，还向女王解释了金融危机爆发的原因：金融家成功说服各国政府并让自己也相信，他们已完全掌握了控制风险的有效办法，而现在看来，"这已成为人们一厢情愿和傲慢自大的最佳例证"。"总之，没能预测出这次危机的时间、幅度和严重性是许多智慧人士的集体失误，无论国内还是国际上的学者，人们都没能将系统性风险视作一个整体。"

为什么经济学家们没能预测到这场席卷全球的金融危机？很多经济学家对此进行了反省。有些经济学家的确警告了房价泡沫正在形成，大部分人承认自己没能预计到泡沫的破裂会造成如此大的危害。有些经济学家更加一针见血地指出，由于这个职业普遍存在自由市场偏见，再加上过时的、过于简单的分析工具，使得很多经济学家没能觉察到危险迹象。

国外经济学家之所以没有预测出金融危机，是因为他们把自由市场经济理论教条化，将自由市场看作支撑世界经济发展的唯一妙方，迷信市场万能、

资本万能。金融危机的爆发，使其所谓的"资本万能论"不攻自破，也使各国经济学家们大跌眼镜，陷入难于自圆其说的尴尬困境。

经济学也会"撒谎"。中国经济学家薛暮桥说："任何一个经济学家不可能完全超越时代的限制，我也不能例外。现在看来，新中国成立以后我在各个时期写的文章中的观点，有一些就是不正确的，甚至是错误的。"他多次说过，一个经济学家的经济观应该让时间来检验，让历史来下结论，他期待着这种检验和结论。

凯恩斯说得好，经济学是方法，而不是教条；经济学是心灵的仪器，是思维的工具，能帮助人们推导出正确的结论。我们学习经济学，是为了利用经济学指导生活，而不是盲从于经济理论。否则，就很可能会上了经济学的当。

PART 02
市场：微观经济的核心

市场：买与卖的交易场所

对市场的研究是我们进入经济学殿堂的重要入口。可以说，没有市场，就没有现在高度发展的商业文明。那么，市场是怎样出现的？它的出现给人类社会带来什么变化呢？

远古时期没有商品，也没有市场。人类的祖先以狩猎为生。由于狩猎工具非常原始，捕获的猎物常常不够吃，所以猎物都是由部落统一分配的。后来，部落里有一个聪明的小伙子发明了弓箭，捕获的猎物就多了起来。但是这个做弓箭的人自己亲自参加捕猎所获得的食物却没有他制作一张弓与别人交换得到的食物多，于是他索性不参加狩猎了，一心制作弓箭，然后与别人交换食物。于是，部落里出现了分工和交换。后来，随着分工的扩大，又出现了一些制作别的物品的人，他们也像这位聪明的小伙子一样拿自己制作出来的物品去交换自己所需要的东西。

这是亚当·斯密在《国富论》中讲到的一个故事。我们可以看出随着分工和交换的发展，市场渐渐出现了。

一、市场的意义
1.市场的初始意义
市场起源于古时人类对于在固定时段或地点进行交易的场所的称呼，当城市成长并且繁荣起来后，住在城市邻近区域的农夫、工匠、技工们就会开始互相交易并且对城市的经济产生贡献。显而易见的，最好的交易方式就是在城市中有一个集中的地方，比如市场，可以让人们在此提供货物以及服务，方便人们寻找货物及接洽生意。当一个城市的市场变得庞大而且更开放时，城市的经济活力也相对会增长起来。

2.市场的今日意义

今日的市场是商品经济运行的载体或现实表现。商品经济越发达，市场的范围和容量就越扩大。市场具有相互联系的四层含义：一是商品交换场所和领域；二是商品生产者和商品消费者之间各种经济关系的汇合和总和；三是有购买力的需求；四是现实顾客和潜在顾客。市场是社会分工和商品经济发展的必然产物。

市场是商品交换顺利进行的条件，是商品流通领域一切商品交换活动的总和。市场体系是由各类专业市场，如商品服务市场、金融市场、劳务市场、技术市场、信息市场、房地产市场、文化市场、旅游市场等组成的完整体系。同时，在市场体系中的各专业市场均有其特殊功能，它们互相依存、相互制约，共同作用于社会经济。

随着市场经济的发展，各类市场都在发展。那么，哪一类市场同我们的生活联系最紧密呢？从现实生活中，我们可以直接感受到，商品服务市场与我们的关系最为密切。商品服务市场遍及我们生活的每一个角落，我们常见的大、小商场，各种各样的理发店、家具店、农贸市场、宾馆、饭店等，这些都属于商品服务市场。

随着社会交往的网络虚拟化，市场不一定是真实的场所和地点，当今许多买卖都是通过计算机网络来实现的，中国最大的电子商务网站淘宝网就是提供交往的虚拟市场。

二、市场的基本特征

市场具有两个突出的特征：一个是平等性，另一个是竞争性。

平等性是指相互承认对方是自己产品的所有者，对其所消耗的劳动通过价值形式给予社会承认。市场行为的平等性是以价值规律和等价交换原则为基础的，它不包含任何阶级属性，它否定了经济活动中的特权和等级，为社会发展提供了重要的平等条件，促进了商品经济条件下资源合理流动。

竞争性是指优胜劣汰，奖优罚劣。市场的竞争性来自要素资源的自由转移与流动，市场竞争有利于提高生产效率和对要素资源进行合理利用。

三、买方市场和市场占有率

买方市场是指交易由买方左右的市场，即市场是在具有压倒优势的买方力量的控制下运行的。买方市场在市场经济发达的国家比较普遍。一般，在产品过剩的情况下，买方有更多机会选择产品。比如，空调大战、VCD大战、彩电大战、微波炉大战，都为买方市场的形成创造了条件。对于卖方来讲，降价、打价格战或者服务战是通常的选择。因此可以说，买方市场是有利于消费者的。

市场占有率又称市场份额，是指一家企业销售量在市场销售总量中所占的比重。市场占有率越高，表明企业的竞争能力越强，产品被消费者接受的程度越大，企业销售收入也越多。因此，维持或扩大市场占有率对于任何企业来说都是非常重要的，是一个企业定价的最重要目标之一。

市场功能：市场贸易促进社会福利

市场是应运而生的交易场所，是社会和文明发展选择的结果。市场的发达程度也往往反映了一个国家的经济活力。历史经验告诉我们，开放才能更好地发展，从20世纪上半期美国经济大萧条到后半期的经济繁荣发展，我们可以更清楚地看到这一点。

1930年，美国政府错误地认为，由于外国的工资和制造成本低，美国制造商无法成功地与外国制造商竞争，因此建立了史无前例的贸易壁垒。《斯姆特—霍利关税法》试图以高关税壁垒保护美国市场，使之免于外国竞争。结果是灾难性的。贸易伙伴随即采取报复措施，以限制外国进口来保护本国市场。20世纪30年代初，世界贸易额下降了70%，几千万人失业，加剧了大萧条。从那以后，美国的历任总统与历届国会在关贸总协定及其继承者世界贸易组织的构架之下，不断为和平的经济合作与共享繁荣奠定基础、建立共识。自由市场和贸易让美国成为世界最开放的重要经济体。

市场为自由贸易的发展提供了平台和场所，是经济发展的重要推动力。从美国20世纪30年代经济大萧条到中后期的繁荣发展，我们可以看到市场和贸易对于经济发展的重要性。概括来讲，市场和贸易主要有以下几个功能：

一、市场贸易促进了社会分工

自由贸易可形成互相有利的国际分工，两个地区之间的贸易往往是因为一地在生产某产品上有相对优势，如有较佳的技术、较易获取原材料等。

在自由贸易下，各个国家可按照自然条件，比较利益和要素紧缺状况，专门生产其有利较大或不利较小的产品，这种国际分工可带来很多利益，如专业化的好处、要素的最优配置、社会资源的节约以及技术创新等。

二、市场贸易创造了财富

真实扩大国民收入。各国根据自己的禀赋条件发展具备比较优势的部门，要素就会得到合理有效的分配和运用，再通过贸易以较少的花费换回更多的东西，从而增加国民财富。

三、市场贸易增加了社会福利

1.国内贸易

在市场经济中，虽然你的家庭与所有其他家庭，都会或直接或间接地产生竞争，但是，若把你的家庭与所有其他家庭隔绝开来，未必你会过得更好。因为，如果隔绝开来的话，你的家庭就必须自己种粮食、做衣服、盖房子，这是低效率的做法。由于劳动力的专门化，个体只会从事一个小范畴的工作，所以他们必须以贸易来获取生活的日用品。

2.国家贸易

国家与国家之间，能从相互交易中获益，自由贸易下，由于进口廉价商品，国民开支减少。

为使更多个人有能力追求梦想、养育家庭，我们必须充分发挥贸易的潜力，促进全球经济进一步增长，为创造优质工作机会提供动力。

四、市场贸易促进了经济增长

自由贸易可加强竞争，减少垄断，提高经济效益。企业在自由贸易条件下，要与外国同行进行竞争，这样就会消除或削弱垄断势力，从长远看，能促进一国经济增长。

自由贸易有利于提高利润率，促进资本积累。通过商品进出口的调节，可以降低成本，提高收入水平，增加资本积累，使经济得以不断发展。

市场原则：自愿、平等、公平、诚信

在经济学中，市场往往被称为"看不见的手"。发生在我们身边的很多经济活动都离不开这只"看不见的手"的调节。"看不见的手"是1776年英国经济学家亚当·斯密在《国富论》中提出的。最初的意思是，个人在经济生活中只考虑自己利益，受"看不见的手"驱使，即通过分工和市场的作用，可以达到国家富裕的目的。后来，"看不见的手"便成为表示资本主义完全竞争模式的形象用语。这种模式的主要特征是私有制，人人为自己，都有获得市场信息的自由，自由竞争，政府无须干预经济活动。亚当·斯密在《国富论》中较为详细地描绘了"看不见的手"作用的过程：

每种商品的上市量自然会使自己适合于有效需求。因为商品量不超过有效需求，对所有使用土地、劳动和资本而以商品供应市场者有利；商品量少于有效需求对其他一切人有利。如果市场上商品量一旦超过对它的有效需求，那么它的价格的某些组成部分必然会降到自然率以下。如果下降部分为地租，地主的利害关系立刻会促使他们撤回一部分土地；如果下降部分为工资或利润，劳动者或雇主的利害关系也会促使他们把劳动或资本由原用途撤回一部分。于是，市场上商品量不久就会恰好足够供应它的有效需求，价格中一切组成部分不久就升到它们的自然水平，而全部价格又与自然价格一致。

反之，如果市场上商品量不够供应它的有效需求，那么它的价格的某些组成部分必定会上升到自然率以上。如果上升部分为地租，则一切其他地主的利害关系自然会促使他们准备更多土地来生产这种商品；如果上升部分是工资和利润，则一切其他劳动者或商人的利害关系也会马上促使他们使用更多的劳动或资本，来制造这种商品送往市场。于是，市场上商品量不久就能充分供应它的有效需求。价格中一切组成部分不久都下降到它们的自然水平，而全部价格又与自然价格一致。

正常情况下，市场会以内在的机制维持其健康运行。这些机制就像一只"看不见的手"，在冥冥之中支配着每个人自觉地按照市场规律运行。在看似杂乱无章的市场活动背后，自有市场活动的规则，市场主体都需要遵循市场活动的秩序，否则的话就会被市场无情地驱逐出去。

一、自愿原则

自愿原则，是市场交易的基本原则。强买强卖、"搭配"销售，是违反"自愿"交易原则的。特别"搭配"销售，是销售者利用某种商品短缺而硬性强迫消费者购买劣次商品的一种销售行为，是变相的"强卖"。

实行自愿原则，就是基于双方是不同的利益主体，出发点和意愿不同，使得任何一桩交易都必以自愿为原则，交易条件应该为双方所接受，不能使一方屈从于另一方的意愿。

交易双方的出发点不同。卖者出售自己的商品但不愿意做亏本的事，必然希望在交易中能补偿自己的劳动消耗；买者购买商品但不愿意多花钱，希望交易按可以接受的价格成交以满足自己的消费需要。

交易双方的意愿不同。卖者希望商

品卖得快、多且赚钱；而买者希望少花钱，购买到更多的商品和服务。

二、平等原则

平等，是市场经济的一般特征，也是市场交易的重要原则。平等，是指在商品服务市场上，尽管交易双方是以购买者和销售者的不同身份出现，但都是地位平等、机会均等的市场主体。

市场经济是一种平等经济，买卖双方在市场上是一种平等竞争、平等交换关系。任何"势利眼""以貌卖货"、以地位和官职高低卖货的现象都是违反平等交易原则的，是对市场秩序的破坏。

商品是"天生的平等派"，它要求同样的商品卖同样的价钱，实现等价交换；为了实现等价交换，市场不管交易双方的身份和地位如何，要求买卖双方地位平等、机会均等，是一种平等竞争、平等交换的关系；交易双方是地位平等、机会均等的市场主体，不存在谁比谁优越或谁对谁恩赐的问题。

三、公平原则

公平，是市场交易的灵魂，是衡量市场交易活动是否有序、是否规范的试金石。公平的行为指在交易中明码标价、秤平尺准、童叟无欺；而缺斤少两、坑蒙拐骗、黑市交易等现象，则是违反公平的市场交易原则，消费者的利益就会受到损害，甚至消费者的生命也会受到侵害。公平的市场交易活动一旦遭到破坏，种种矛盾和纠纷就会不断出现。

公平原则是把消费者作为弱者来保护。这是因为，在交易过程中，经营者可以利用所拥有的场所、设备和工具，为自己谋取不正当的利益。尽管交易过程表面看是"自愿"和"平等"的，实际上是不等价交换，构成了对消费者权益的侵害，造成了不公平的后果。

如一方缺斤短两，一方自愿购买。表面看，这种市场交易活动似乎是自愿和平等的。实际上，消费者是在不知情的情况下购买这种商品的，并不是真正自愿的行为，并不是真正处在平等的地位。即使说消费者自愿购买，由于消费者的知情权受到侵害，受到坑蒙拐骗，这种交易活动也是不公平的。仅有自愿平等的原则并不能保证市场交易具有公平的结果，实行公平原则是实现市场交易规范有序的灵魂。

四、诚实信用原则

诚实信用，是现代市场交易活动的基本精神。在市场交易中不讲诚实信用，已不仅仅是销售商品的问题，它将带来严重的后果，决不可等闲视之。

遵守诚实信用的交易原则，在商品服务市场上，不仅仅是销售者的道德，而是销售者和消费者都应具有的道德。

亚当·斯密曾称，总体而言，商人比外交官更加值得信任。他的这一论断是基于重复交易、诚实守信的重要。实际上，斯密认为，频繁的生意往来对于商人往往比对外交官更重要。他指出，外交官频繁地违反条约，因为条约并不会被频繁地制定。因此，违约行为的收益往往超过了遵守条约义务的收益。

PART 03
供给和需求：市场运行的左右手

供给：奶油面包的生产成本太高了

对于生产面包的工厂来说，买多少面粉（原料），生产多少面包，全部由自己决定。就算市场上有再多的人需要面包，也要面包厂愿意做、能做出来才行。就是说，要想在市面上消费某种商品，首先就要有这种商品的供给。

一、供给的相关内容

根据供给的概念，它描述的是生产者提供商品的能力。它的构成需要两个条件——生产者的意愿和生产者的实际生产能力。生产者的意愿，指的就是生产者愿意在某一价格水平上生产多少商品或者服务。生产者的实际生产能力，则是指在现有的生产力发展水平和技术下，生产者能够生产多少商品或者服务。从根本上看，后一项条件对于生产者供给有更大的意义。当生产者向市场上进行供给时，其最直观的表现就是市场上商品的数量增加。但要清楚的是，市场上的供给量不等于生产量，在生产的过程中，将有一部分用于生产者自己消费或储备。因此，在自由健康的市场上，供给应当是卖者用于交换的数量。

二、影响供给的因素

根据经济学家的研究表明，影响生产者供给的因素有很多，以下列出几种：

1.生产成本的高低

对于生产者来说，生产成本就是其为了制造产品所要付出的原料、资本及其他资源。通常情况下，当其他条件都不变时，生产成本的上升，会导致赚取的利润减少，则生产者会减少生产，商品供给量下降；相反，生产成本下降时，厂商就能获得更多利润，从而刺激生产，商品供给量增加。

2.生产的技术和管理水平

在商品进行生产的过程中，生产技术和管理同社会生产力水平的高低有着直接的联系，也就直接影响了生产者生产的效率。当两者升高时，就会提高生产效率，降低生产成本，从而促使生产者增加商品供给的数量；相反，则减少商品供给的数量。

3.相关产品的生产情况

在完全竞争的市场里，生产者提供的商品可能会遇到相关的竞争产品。在其他条件都不变的情况下，随着相关产品销售情况的低迷，生产者为了扩大市场，就会提高供给数量；相反，在相关产品销售情况高涨时，生产者则可能大量减少供给，甚至退出市场。

4.生产者对商品的预期

生产者在生产商品的过程中，对商品未来发展形势的预期，也将极大地影响产品的供给量。当生产者对未来商品的销售预期乐观时，他就会扩大生产规模，增加未来的产品供给；对未来商品预期悲观时，就会缩减生产规模，减少供给量。

5.政府的相关政策

不可否认，在市场经济中，政府的干预也会对生产者提供商品的数量产生影响。当政府采用税收或补贴等政策手段调节某些产品的生产时，就会影响商品在市场上的供给。

需求：孩子想要就得买

西晋太康年间出了位很有名的文学家——左思。在左思小时候，他父亲就一直看不起他，常常对外人说后悔生了这个儿子。等到左思成年，他父亲还对朋友们说："左思虽然成年了，可是他掌握的知识和道理，还不如我小时候呢。"左思不甘心受到这种鄙视，开始发愤学习。

经过长期准备，他写出了一部《三都赋》，当时人们都认为其水平超过了汉朝班固写的《两都赋》和张衡写的《二京赋》。一时间，在京城洛阳广为流传，人们啧啧称赞，竞相传抄，一下子使纸昂贵了几倍。原来每刀千文的纸一下子涨到两千文、三千文，后来竟倾销一空，不少人只好到外地买纸，抄写这篇千古名赋。

为什么会"洛阳纸贵"？因为在京都洛阳，人们竞相传抄《三都赋》，以致纸的需求越来越大，而纸的供给却跟不上需求。

一、需求

根据需求的概念，它描述的是消费者购买商品的意愿和能力。它的构成需要两个条件——消费者的意愿和消费者的实际购买能力。消费者的意愿，指的就是消费者愿意在某一价格水平上购买多少商品或者服务。消费者的实际购买能力，则是指在现有的收入水平和经济条件下，消费者能够购买的该商品的数量。

需求必须是既有购买欲望又有购买能力的有效需求，如果消费者对某种商品只有购买的欲望而没有购买的能力，就不能算作需求。

洛阳纸贵

二、影响需求的因素

需求显示了随着价格升降而其他因素不变的情况下，某个体在每段时间内所愿意买的某货物的数量。在某一价格下，消费者愿意购买的某一货物的总数量称为需求量。在不同价格下，需求量会不同。若以图像表示，便称为需求曲线。

1.商品本身的价格

汽车需求的数量永远不会超过面包的数量。一般而言，商品的价格与需求量反方向变动，即价格越高，需求越少；反之，价格越低，需求越多。

2.相关商品的价格

当一种商品本身价格不变，而其他相关商品价格发生变化时，这种商品的需求量也会发生变化。

3.消费者的收入水平

当消费者的收入提高时，会增加商品的需求量；当消费者的收入降低时，会减少商品的需求量，劣等品除外。

4.消费者的嗜好

当消费者对某种商品的偏好程度增强时，该商品的需求量就会增加；相反，偏好程度减弱，需求量就会减少。

女儿对妈妈说："妈妈，我要吃鱼！"

妈妈说："孩子，吃鸡肉行不行？"

女儿说："不行，我就要吃鱼。"

妈妈无奈，只得每天下班之后都从超市里面买一条鱼回来。

三个月过去了，妈妈对女儿说："明天吃鱼吗？"

女儿说："不，我不想吃了。"

5.消费者对未来商品的价格预期

当消费者预期某种商品的价格即将上升时，社会增加对该商品的现期需求量，因为理性的人会在价格上升以前购买产品；反之，就会减少对该商品的预期需求量。

欧盟国家约有1/4的天然气由俄罗斯供应，而俄罗斯输往欧盟的天然气中有逾80%需过境乌克兰。2009年一月份，俄罗斯因天然气支付纠纷切断了对乌克兰的天然气出口，导致严寒肆虐的欧洲18国不同程度地陷入天然气危机，数以万计民众无以取暖而怨声载道，此一现象被媒体称为"俄乌斗气，欧洲受气"。

2009年7月2日，在欧盟内部的专家会议结束后，欧盟委员会发表了一份公告。公告表示："面对乌克兰可能爆发天然气危机，欧盟委员会提醒各成员国采取有效措施，尽量填充天然气储备。"

6.人口规模

为什么有的地方的超市每天都会出现抢购，而有的地方的超市一天只有为数不多的顾客？因为有的地方的消费者众多，你不买还有别人抢着买，排队买，而有的地方人流有限，消费者少。

供给和需求的变动：为什么钻石贵过水

经济学上有个著名的理论：有用的水，不值钱；无用的钻，天上价。这就是由于供给与需求引起的。

一、价值悖论

在经济学中，有一个著名的水和钻石的价格难题，那就是：水应当比钻石更值钱吗？著名的古典经济学家亚当·斯密在研究不同物品的相对价格如何决定的问题时，就提出过这个问题：根据常识，一个物品的价格决定于它给消费者的效用。但是，水为消费者所必需，水的有无，生死攸关，效用极大，但

水的价格很低。而钻石是非必需品，效用有限，价格却非常高。这是为什么？

虽然在200年以前，这个难题困扰着亚当·斯密，但是现代经济学家已经解释了这个难题，提出了几个答案。最简单的答案就是：供给与需求决定价格。

水的供给与需求曲线相交于很低的价格水平，而钻石的供给与需求曲线相交于很高的价格水平。水，源源不断，随地可掬，供给量大，所以不值钱；钻石，稀罕物，供给量小，所以值钱。当然也有例外，水在沙漠里，比油珍贵。

二、需求的变动

在微观经济学中，需求量的变动和需求的变动都是指需求数量的变动，它们区别在于引起这两种变动的因素是不相同的，而且，这两种变动在几何图形中的表示也是不同的。

（1）需求量的变动。需求量的变动是指在其他条件不变时，由某商品的价格变动所引起的该商品的需求数量的变动。

某商品的需求量

价格—数量组合	A	B	C	D	E	F	G
价格（元）	1	2	3	4	5	6	7
需求量（单位数）	700	600	500	400	300	200	100

从上表可以清楚地看到商品价格与需求量之间的关系。譬如，当商品价格为1元时，商品的需求量为700单位；当价格上升为2元时，需求量下降为600单位；当价格进一步上升为3元时，需求量下降为更少的500单位，如此等等。需求表实际上是用数字表格的形式来表示商品的价格和需求量之间的函数关系。

（2）需求的变动。需求的变动指在某商品价格不变的条件下，由于其他因素变动所引起的该商品的需求数量的变动。这里其他因素变动是指消费者收入水平的变动、相关商品的价格变动、消费者的偏好变动等。

三、供给的变动

（1）供给量的变动。供给量的变动和供给的变动都是指供给数量的变动，供给量的变动是指在其他条件不变时，某种商品的价格变动所引起的该商品供给数量的变动。

　　某商品的供给

价格—数量组合	A	B	C	D	E
价格（元）	2	3	4	5	6
供给量（单位数）	0	200	400	600	800

　　上表清楚地表示了商品的价格和供给量之间的函数关系。例如，当价格为6元时，商品的供给量为800单位；当价格下降为4元时，商品的供给量减少为400单位；当价格进一步下降为2元时，商品的供给量减少为零。供给表实际上是用数字表格的形式来表示商品的价格和供给量之间的函数关系。

　　（2）供给的变动。供给的变动指在某商品价格不变的条件下，由于其他因素变动所引起的该商品的供给数量的变动。这里其他因素变动是指生产成本的变动、生产的技术水平的变动、相关商品价格的变动等。

价格弹性：价格对市场的敏感度有多大

一、需求价格弹性和供给价格弹性

　　当一种物品的价格低时，当买者收入高时，当该物品替代品的价格高，或该物品互补品的价格低时，买者对该物品的需求通常更多。为了衡量需求对其决定因素变动的反应程度，经济学家用了弹性的概念。

　　需求规律表明，一种物品的价格下降使需求量增加，需求价格弹性衡量需求量对其价格变动的反应程度。如果一种物品的需求量对价格变动的反应明显，可以说这种物品的需求是富有弹性的；反之，需求是缺乏弹性的。

　　需求价格弹性＝需求量变动的百分比/价格变动的百分比

　　当弹性大于1时，需求是富有弹性的；小于1时，需求是缺乏弹性的；等于1时，需求是单位弹性；等于0时，需求完全没有弹性。

　　供给价格弹性是衡量供给量对价格变动的反应程度。如果供给量对价格变动

的反应很明显，可以说这种物品的供给是富有弹性的；反之，供给是缺乏弹性的。

供给价格弹性取决于卖者改变他们生产的物品产量的伸缩性，例如，海滩土地供给缺乏弹性是因为几乎不可能生产出土地，相反，书、汽车这类制成品供给富有弹性。

二、需求弹性的影响因素

1.商品的可替代性

一般来说，一种商品的可替代品越多，相近程度越高，则该商品的需求的价格弹性往往就越大；相反，该商品的需求的价格弹性往往就越小。

例如，在水果市场，相近的替代品较多，这样，某水果的需求弹性就比较大。又如，对于食盐来说，没有很好的替代品，所以，食盐价格的变化所引起的需求量的变化几乎为零，它的需求的价格弹性是极其小的。

商品的相近的替代品越多，需求的价格弹性也就越大。譬如，某种特定商标的豆沙甜馅面包的需求要比一般的甜馅面包的需求更有弹性，甜馅面包的需求又比一般的面包的需求更有弹性，而面包的需求的价格弹性比一般的面粉制品的需求的价格弹性又要大得多。

2.商品用途的广泛性

一般来说，一种商品的用途越是广泛，它的需求的价格弹性就可能越大；相反，用途越是狭窄，它的需求的价格弹性就可能越小。这是因为，如果一种商品具有多种用途，当它的价格较高时，消费者只购买较少的数量用于最重要的用途上。当它的价格逐步下降时，消费者的购买量就会逐渐增加，将商品越来越多地用于其他的各种用途上。

3.商品对消费者生活的重要程度

一般来说，生活必需品的需求的价格弹性较小，非必需品的需求的价格弹性较大。

例如，当看病的价格上升时，尽管人们会比平常看病的次数少一些，但不会大幅度地改变他们看病的次数。同理，小麦、大米这些生活必需品的需求量并不会因为价格的变动而起太大的改变。与此相反，当游艇价格上升时，游艇需求量会大幅度减少，原因是大多数人把看病作为必需品，而把游艇作为奢侈品。

4.商品的消费支出在消费者预算总支出中所占的比重

消费者在某种商品上的消费支出在预算总支出中所占的比重越大，该商品的需求的价格弹性可能越大；反之，则越小。例如，火柴、盐、铅笔、肥皂等商品的需求的价格弹性就是比较小的。因为，消费者每月在这些商品上的支出是很小的，消费者往往不太重视这类商品价格的变化。

5.物品往往随着时间变长而需求更富有弹性

当汽油价格上升时，在最初的几个月中汽油的需求量只略有减少。但是，随着时间推移，人们购买更省油的汽车，转向公共交通，或迁移到离工作地方近的地点。在几年之内，汽油的需求量会大幅度减少。

三、供给弹性的影响因素

1.时间因素是一个很重要的因素

当商品的价格发生变化时，厂商对产量的调整需要一定的时间。在很短的时间内，厂商若要根据商品的涨价及时地增加产量，或者根据商品的降价及时地缩减产量，都存在程度不同的困难，相应地，供给弹性是比较小的。但是，在长期内，生产规模的扩大与缩小，甚至转产，都是可以实现的，供给量可以对价格变动作出较充分的反应，供给的价格弹性也就比较大了。

2.生产成本随产量变化而变化的情况

就生产成本来说，如果产量增加引起边际成本的轻微的提

高，则意味着供给的价格弹性可能是比较大的。相反，如果产量增加只引起边际成本较大的提高，则意味着供给的价格弹性可能是比较小的。

3.产品的生产周期

在一定的时期内，对于生产周期较短的产品，厂商可以根据市场价格的变化较及时地调整产量，供给的价格弹性相应就比较大。相反，生产周期较长的产品供给的价格弹性就往往较小。

四、不同物品的价格弹性系数

需求有弹性的行业的买主并不情愿接受物品价格的上涨，他们的需求大小取决于价格。需求没有弹性的行业的买主不在乎价格上涨，他们的购买数量和频率不会由于价格因素而上下波动。

香烟是需求的价格弹性较小的商品，对于吸烟上瘾的人来说，价格上涨不会减少消费，对不吸烟的人来说，香烟的价格再低他也不会消费。吸烟对本人、对社会都是不利的，因此，为限制香烟的消费，政府对香烟征收重税，但是烟厂的利润依然相当可观，因为消费者对香烟有依赖，生产者因此可以将其税负转嫁给消费者，结果香烟的税主要由消费者来承担。

家用电器是需求的价格弹性较大的商品，价格上涨会减少消费，价格下跌会增加消费。在当前买方市场的情况下，各个家电企业竞争非常激烈，如果税负转嫁给消费者，就会使价格上涨，价格上涨会减少消费，不利于提高市场占有率，因此家电产品的税负主要由生产者负担。

PART 04
消费者：如何作出合适的消费决策

消费者效用：花钱买个高兴

一、消费者效用的概念

在我们定义消费者效用之前，先看一则有趣的故事。

兔子和猫争论着一个问题：世界上什么东西最好吃？

兔子抢先说："世界上最好吃的东西就是青草，那股清香味儿，远远胜过萝卜。特别是春天的青草，吃起来还甜滋滋的。我一说就要流口水。"

猫不同意这个意见，它说："我认为世界上没有比鱼更好吃的东西了。你想想，那鲜嫩的肉，柔软的皮，嚼起来又酥又松。只有最幸福的动物，才懂得鱼是世界上独一无二的好东西。"

它们两个都坚持自己的意见，争论了好久，还是得不到解决。最后只好去找猴子来评理。

猴子听了他们的两种意见，都不同意，它说："你们都是十足的傻瓜蛋，连世界上最好吃的东西都不知道。我告诉你们吧，世界上最好吃的东西是桃子！"

兔子和猫听了直摇头，说："我以为你要说别的什么，没想到你会说桃子，那玩意毛茸茸的，有什么好吃的？"

消费者效用是指消费者在消费商品时所感受到的满足程度。人们之所以要消费商品和服务，是因为从消费中他们的一些需要和爱好能得到满足，例如消费食品能充饥，多穿衣服能御寒，看电影能得到精神享受，等等。我们把这种从商品和服务的消费中能得到的满足感称为效用。

虽然效用是心理满足程度，无法衡量，但我们可以从每个人的行为中"看"出效用来。比如一个消费者在买一本书之前，先要看一看它的内容，至少是目录、介绍、前言、后记之类，还要看一下它的定价，衡量一下是否值得买。若他对这本书的评价（即这本书对他的效用）小于定价，他是不会掏腰包的，只有等于或大于时才会买。每个人对这本书的评价（效用）不同，才最终会有人买，有人不买。

经济学依赖一个基本的前提假定，即人们在做选择的时候倾向于选择在他们看来具有最高价值的那些物品和服务。正如俗话所讲，萝卜白菜，各有所爱，有人喜欢抽烟，那么香烟对于他而言效用就很高，但对于一位不愿意闻烟味的女士来说，香烟就会是效用很低甚至是负效用。很显然，在做决定的时候，烟民自然会把香烟视为至宝，而女士们可能更钟情于化妆品或者衣服之类的东西。

二、基数效用与序数效用

在度量效用的问题上，西方经济学家先后提出了基数效用和序数效用的概念。在此基础上，形成了分析消费者行为的两种方法：基数效用论的边际效用分析法和序数效用论的无差异曲线分析法。

在19世纪和20世纪初，西方经济学中普遍使用基数效用概念。基数是指1、2、3等，是可以加总求和的。基数效用论认为，效用可以具体衡量并加总求和，具体的效用量之间的比较是有意义的。表示效用大小的计量单位被称作效用单位。例如：对某消费者而言，看一场精彩的电影的效用为10效用单位，吃一顿麦当劳的效用为8效用单位，则这两种消费的效用之和为18效用单位。

序数效用论认为，效用无法具体衡量，也不能加总求和，效用之间的比较只能通过顺序或等级表示。自20世纪30年代至今，西方经济学中多使用序数效用概念。序数是指第一、第二、第三等，序数只表示顺序或等级，是不能加总求和的。例如，消费者消费了巧克力与唱片，他从中得到的效用是无法衡量，也无法加总求和的，更不能用基数来表示，但他可以比较从消费这两种物品中所得到的效用。如果他认为消费一块巧克力所带来的效用大于消费唱片所带来的效用，那么消费一块巧克力的效用排在第一，消费唱片的效用排在第二。

三、无差异曲线

如果消费者对商品组合A和B的满足程度是一样的，这个消费者对商品组合A和B就不分优劣（无差异）。假定还有商品组合C、D和E的满足程度也和A、B一样，那么，把这些组合都画在一个图上，再把这些点连接起来，我们就能得出一条无差异曲线，在这条曲线上，所有的商品组合，对这个消费者来说，满足程度都是相同的。

冲动消费：女性消费跟金钱无关

一、冲动性消费者

冲动是人的情感特别强烈、理性控制很薄弱的一种心理现象。

一日，一对情侣逛街。原本，男友只是想陪女友散散心，没想到……

女友进入一家服饰店，先看到一件吊带小裙，标价1000元。

女友："亲爱的，你对我的爱是不是无价的？"

男友："真爱无价。"

女友："那……这件，我特别喜欢，买了吧。"

男友立刻去付账。

这时，导购小姐对女友说："小姐，我们这里还有外套小衫，靴子高跟鞋，可以同您的裙子搭配，非常时尚，要不您看看？"

女友被说动，一一试穿，感觉不错。

见男友回来，接着说："亲爱的，你对我的爱是不是无价的？"

男友："那还用说，真爱无价。"

女友："那……你看这些和我的衣服很搭的噢，也买了吧。"男友再去付账，花了3000元。

导购小姐又走过来说："小姐，您身材这么好，我们这里刚好有一批上等的冬装，既漂亮又实惠，不过是上个季节的高档品了，全打四折甩卖。您要不要也看看？"

男友："大夏天，买什么冬装？"

女友未表态，随导购小姐进了屋里，果然看到很多名牌冬装，爱不释手。拿了四五套，冲出来对男友说："亲爱的，你对我的爱是不是无价的？"

男友一看女友的架势，非常尴尬，不得不接着刷卡。

没想到，卡刷爆了。男友看着女友，哭笑不得地说："亲爱的，这回真成无价的了！"

一个女人可以在冲动之下专程打"飞的"去扫荡名牌，也可以一时兴起买下上万的穿不上几次的衣服。经济学家说，女人的这种消费"轨迹"无法琢磨，因为没有一丝规律可循。她们都是典型的冲动消费者。

在冲动消费者身上，个人消费的情感因素超出认知与意志因素的制约，容易受商品（特别是时尚潮流商品）的外观和广告宣传的影响。因此，很难说消费中的女性符合经济学的相关假设，她们的行为是非常不理智的，即非理性的。

一项科学调查显示，90%的18～35岁的女性都有过非理性消费行为，甚至非理性消费占女性消费支出1/5以上。女性的非理性消费彻底颠覆了经济学家所能预测的消费模式。你常常会看到这样的现象，她们在进入超市之前做了周密的购物计划，但在出来的时候却买回不少自己喜欢但并不实用，甚至根本用不上的商品。

二、影响女性冲动消费的影响因素

琢磨女人的消费动态，似乎成了难以完成的任务，她们总是有很多消费理由。但困扰着经济学家们的是：女性为什么倾向于非理性消费？

首先，女性容易受情绪因素的影响，所以，女性常常情绪化消费。

据统计，有50%以上的女性在发了工资后会增加逛街的次数，40%以上的女性在极端情绪下（心情不好或者心情非常好的情况），增加逛街次数。其发生概率同男性去喝酒（开心时和不开心时）的概率几乎相同。可见，购物消费是女性缓解压力、平衡情绪的方法，不论花多少钱，只要能调整好心情，80%左右的人都认为值得。

其次，女性的敏感情绪还容易受到人为气氛的影响。例如，受到打折、促销、广告等因素的影响。据专家针对北京、上海、广州三地18~35岁青年女性的调查显示：因打折优惠影响而购买不需要物品的女性超过50%，受广告影响购买无用商品或不当消费的女性超过20%，因商品店内的时尚气氛和现场展销而消费的女性超过40%，因受到促销人员诱导而不当消费的女性超过50%。

另外，女性在选择物品时，态度更倾向于犹豫和动摇，形成过度消费，尤其是在面对众多种类的商品时。

事实上，对于所有人来说，商品选择多的时候，通常都难于选择。但这点在女性身上表现得更为明显。当她们面对众多选择时，常常会忘记自己最初的需求，在其他货品的吸引下，改变购买的想法。这也是经济学家们认为女性不适合做传统经济学中理性十足的经济人的原因，仅从消费这一点看，她们犯的错误太多了。

边际效用递减：饭吃多了也是一种痛苦

一、吃饼的边际革命

一个人中午肚子饿了，去吃大饼，吃第一个的时候觉得大饼太好吃了，于是又买了一个，吃第二个的时候，感觉没第一个好吃了，但也还行，于是再买了一个，吃完第三个，觉得自己饱了。碰巧的是一同事来了，硬是拉他又吃了一个大饼，吃这个的时候他就会觉得有些腻了，如果再要他吃一个，他可能以后看到大饼就会想吐。

每一个大饼带给你的满意度是递减的，从好吃到想吐。这就是边际效用递减。"边际"是经济学上的关键术语，常常是指新增的意思。边际效用就是消费者多消费一单位商品而得到的新增加的效用。

19世纪70年代初出现的边际概念，是西方经济学自亚当·斯密以来的一个极为重要的变化。经济学家把它作为一种理论分析工具，可以应用于任何经济中的任何可以衡量的事物上。正因为这一分析工具在一定程度上背离了传统的分析方法，故有人称之为"边际革命"。

二、总效用和边际效用

总效用是指消费者在一定时间内从一定数量的商品的消费中所得到的效用量的总和。当消费的商品量增至某一数量时，总效用会达到最大限度，继续增加商品消费量，效用就不再增加或许会减少。

边际效用是指消费者在一定时间内增加一单位商品的消费所得到的效用量的增量。

边际效用递减规律，是西方效用价值论者用来解释消费者购买行为的一个理论。该理论认为：同一物品对同一个消费者来说，因占有的顺序不同，所带来的满足程度或效用也不同，从而价格不同。在效用尚未达到饱和的程度内，随着所占有的物品增加，总效用是增加的，然而边际效用，即最后增加的那一单位物品所带来的效用是递减的；当总效用达到极大值时，边际效用等于零；超过极大值继续消费时，边际效用为负。

对一个饥肠辘辘的人来说，第一张饼的效用最大，或者说在十分饥饿的状态下，他会以较高的价格去购买一张在平时看来非常普通的饼。然而，当第一张饼下肚后，即使没有填饱肚子，对饼需求的迫切程度也会远远低于第一张饼。以此类推，每增加一张饼所带来的满足程度，都会低于前一张饼所带来的满足程度；当吃得很饱时，总的满足程度最大，最后增加的那一张饼的效用，即带来的满足程度，几乎等于零。这时，如果再继续吃下去，并且导致胃痛或呕吐时，那么这最后吃下去的一张饼，即"边际饼"的效用就是负，因此带来总效用水平的下降。

三、边际效用递减规律

"多买少算"这一不成文的市场交易规则，也是边际效用递减规律最生动的体现。一般来说，当一个人想在同一个商家手中购买两个以上的同一物品时，总要与商家讨价：买了两个，便宜一点儿。因为，按照边际效用递减规律，对于同一物品，第二件的边际效用低于第一件，而第三件又会低于第二件。所以，只有"多买少算"，消费者才会有划算的感觉，从而刺激消费。然而在现实生活中，似乎商家比消费者更深切理解边际效用递减规律。"多买少算"往往并没有表现为消费者的直接要求，而是商家吸引消费者的手段，真可谓买的不如卖的精。可以说，"多买少算"对商家来说就是薄利多销的经营策略，对消费者来说就是边际效用递减心态。

边际效用递减规律还可用来解释生活中的许多事。比如，对有钱人来说钱不值钱，而对穷人来说钱更加值钱。

对消费中的边际效用递减规律的分析，可以得出这样一个结论：理性消费者购买的是满足程度，而不是绝对量，追求的是效用最大化，而非单纯的高消费。

解释一：从人的生理和心理的角度。

由于随着相同消费品的连续增加，从人的生理和心理的角度讲，从每一单位消费品中所感受到的满足程度和对重复刺激的反应程度是递减的。

解释二：从商品的多用途的角度。

由于在一种商品具有几种用途时，消费者总是将第一单位的消费品用在最重要的用途上，第二单位的消费品用在次重要的用途上，等等。这样，消费品的边际效用随消费品的用途重要性的递减而递减。例如：在仅有少量水的情况下（如在沙漠或航海中），人们十分珍惜地饮用，以维持生命，水的边际效用很大。随着水量增加，除满足饮用外，还可以用来洗脸、洗澡和洗衣服，水的重要性相对降低，边际效用相应减小。

在理解边际效用递减规律的时候，要注意几点：

第一，边际效用和总效用的区别。边际效用是指最后一单位的消费品带来的效用。它的递减并不意味着总效用的减少，只是说最后一单位的消费品带来的效用比前一单位的效用要小。在边际效用减少的过程中，总效用依然可能增加，只不过增加的幅度在降低。在边际效用减少到零的时候，总效用停止增长，达到最大。而在边际效用变成负值的时候，继续消费会使总效用减少。

第二，边际效用递减是在一定时间内进行消费产生的现象。它的前提是人的偏好没有改变，连续消费某种物品。比如你在吃一顿饭的过程中，边际效用是递减的。但过了半天，你饿了，又去吃饭，你不能把这顿饭的过程跟上一顿饭相比。再如，你本来不会喝酒，觉得酒不好喝，但你后来学会了喝酒，越喝越好喝，这似乎不符合边际效用递减规律。其实不然，这是你的偏好改变了。

第三，在极少数情况下，有的消费是量越大越满足，但始终存在一个限度，超过这个限度以后必然出现边际效用递减。比如许多人认为，喝一口红葡萄酒，品不出美味，红葡萄酒是越喝越有味。再如嗑瓜子，本来你不想嗑，但嗑起来就不想停。这种情况，可以说前一阶段是边际效用递增，但到最后也会出现边际效用递减。因为无论是喝酒还是嗑瓜子，总有满足和厌烦的时候。

替代效应与收入效应：闲暇时间如何打发

一、替代效应

替代效应是指商品的相对价格的变动引起的消费的变化。当你购买的一种商品的价格上升时，这种商品相对于其他商品就变得更贵了，诱使你少消费这种较贵的商品而多消费其他商品。

替代效应经常出现在我们的经济生活中，从替代效应来看，2004年禽流感的出现在一定程度上打击了家禽类相关产品的生产，但并没有从整体上打击整个农村经济的发展。因为在禽流感流行期间，人们在饮食上对鸡肉的抵制是最明显的。对与鸡同类的鸭、鹅等家禽的相关产品也颇有顾忌。家禽素来是人们的主要肉食对象，而如今它们的供应量大幅度减小。于是，人们的肉食对象集中在猪、牛、羊、鱼等动物上。

有相近替代品的物品往往较富有需求弹性，因为消费者从这种物品转向其他物品较为容易。例如，饼干和面包很容易互相替代。假设面包的价格不变，饼干价格略有上升，就会引起饼干销售量大大减少。与此相比，由于鸡蛋是一种没有相近替代品的食物，鸡蛋的需求弹性要小于饼干。

二、收入效应

收入效应指由商品的价格变动所引起的实际收入水平变动，进而由实际收入水平变动所引起的商品需求量的变动。它表示消费者的效用水平发生变化。具体来说就是当你在购买一种商品时，如果该种商品的价格下降了，对于你来说，你的名义货币收入是固定不变的，但是价格下降后，你的实际购买力增强了，你就可以买得更多的该种商品。这种实际货币收入的提高，会改变消费者对商品的购买量，从而达到更高的效用水平，这就是收入效应。

一种商品价格变动所引起的该商品需求量变动的总效应可以被分解为替代效应和收入效应两个部分，即总效应=替代效应+收入效应。其中，由商品的价格变动所引起的实际收入水平变动，进而由实际收入水平变动所引起的商品需求量的变动，为收入效应。由商品价格变动，所引起的商品相对价格的变动，进而由商品的相对价格变动所引起的商品需求量的变动，为替代效应。收入效应表示消费者的效用水平发生变化，替代效应则不改变消费者的效用水平。

三、个人闲暇时间的消费

闲暇时间，即"非劳动时间"，是人们在履行社会职责及各种必要时间支出后，由个人自由支配的时间。

在工作时间不断缩短和弹性化发展的大背景下，闲暇时间越来越多，如何更加充分地享受闲暇时间？如何在闲暇时间进行对自己、对社会更有价值的休闲娱乐活动？

1.要和自己的收入水平相适应

闲暇消费作为收入水平的一个标志，反映了一个人收入的多少。经济收入水平越高，闲暇消费的结构和方式应该越复杂；经济发展水平越低，闲暇消费的结构和方式就越简单，有什么样的经济收入水平就有什么样的闲暇消费。

2.闲暇消费的多样化和替代性

由于收入的波动，我们闲暇时间的消费也会受到影响。当收入水平低的时候，我们就要寻找消费的替代品，例如我们同样是为了锻炼身体，如果比较有钱我们可以去健身房、游泳馆健身，如果没有钱我们选择在公园里跑跑步，在社区的健身器材上健健身，这也同样能起到锻炼身体的作用。

3.闲暇消费的知识化

闲暇消费的知识化是指引导人们在闲暇中学习知识、学习文化，不断运用各种科学文化知识来丰富和武装自己的头脑，提高自身科学文化素质。闲暇消费的知识化是闲暇消费合理发展的目标。

PART 05

生产者：市场经济中的逐利者

机会成本：合理库存的重要性

《艺文类聚》里描述了这样一个故事：

齐国有一个人家的女儿，有两家男子同时来求婚。东家的男子长得丑，但是很有钱；西家的男子长得俊美，但是很穷。父母一时间陷入了两难之中，不知道该如何抉择，因为无论选择哪个都会有所失。

于是父母便征询女儿的意见："你愿意嫁给谁？要是难以启齿，不便明说，就以袒露一只胳膊的方式，让我们知道你的意思。"

女儿袒露出两只胳膊。

父母感到奇怪，问其原因，女儿说："想在东家吃饭，在西家住宿。"

面对有限的资源，为了能够得到自己想要的，人们必须选择和放弃。由此看来，做出选择并不是一件容易的事，其根源在于在资源有限的情况下，有所得必有所失。鱼和熊掌不能兼得时，选择吃鱼，那么就不能吃熊掌，熊掌就是选择吃鱼的机会成本。经济学家常说世界上没有免费的午餐，就是指任何选择行为都有机会成本。

一、机会成本

机会成本是指为了得到某种东西而所要放弃的另一样东西。

萨缪尔森在其《经济学》中曾用热狗公司的事例来说明机会成本的概

念。热狗公司所有者每周投入60小时，但不领取工资，到年末结算时公司获得了22000美元的可观利润。但是如果这些所有者能够找到另外其他收入更高的工作，使他们所获年收入达45000美元，那么这些人所从事的热狗工作就会产生一种机会成本，它表明因他们从事了热狗工作而不得不失去的其他获利更大的机会。

二、库存就是魔鬼

从经营者角度来看，"库存就是魔鬼"，库存越少越好。

为了能够对库存的问题展开具体的思考，我们先来看看两家杂货店的事。

有一段时间，某小区附近先后出现了两家杂货店。为了能比对方赢得更多的顾客，这两家店都使出浑身解数，他们主要在商品种类和数量上展开了较量。每家店里塞满了各种各样的商品，甚至连过道和楼梯上都堆满了商品，顾客只能在堆满商品的窄道里勉强通过。

从常理来看，这样可以为顾客提供很大的选择空间，应该很方便。但是如果没有顾客上门购买，再多的商品也不是"卖品"，不过是卖不动的"库存"而已。由于该小区人口少，来购物的人更少，最终这两家店先后退出了市场。两家店先后退出市场，不能说完全因为库存量过大导致，但至少有一部分原因。

从经济学的角度来看，商品过度剩余的后果很严重，脱销的后果也同样严重。库存太大意味着资金、库房的占用，意味着一旦调价或市场滑坡你的损失更多。以食品店为例，食品都有保质期，时间越久越不新鲜，也就越难卖。食品之外的其他商品也一样，时间一久，商品会过时，也会加大破损和丢失的风险。

库存量大时不仅需要由专人来管理仓库，而且，还要派人检查库存商品是否还能继续作为正常商品出售，这些需要增加额外的人力费用。另外，如果库存太大，不得不租赁仓库，就得多付租金，即便是放在店里面，也会占去其他商品的空间。

如果能将库存的东西早些处理掉，就能节省下库存的管理人力费和仓库租赁费，把这些节省下来的钱投入到经营过程中，还能获得增值。

损失有多种多样。经济学上把以"如果把省下来的钱用来……"这种假设为前提推算出的"本该得到却丢掉了的利润"叫作机会损失。机会损失也是损失的一种。库存带来的各种损失叫作"库存成本"，对于经营者来说，库存越少越好。

库存越少越好，不是说不能有一点库存。如果一点库存也没有的话，就有可能错过赚钱的好机会。因此，库存"多了不行，没有也不行"，库存是否合理，关键在于经营者对库存量的把控能力。

按一般想法，可能觉得销售一空就万事大吉了，然而在经济学里的会计中，这被看作是"机会损失"，是不受欢迎的。

例如，即使卖出了10件，如果有2件的机会损失的话，那么10件减去2件，相当于仅仅卖出了8件。因此，身为营业员的小吴要想被经理夸奖，最好在预计快要卖完时及时通知经理备货。

当然，比预计销售量多备一些货需要敏锐的眼光，这恐怕也是商业经营中最难办的事情之一。对负责采购的人而言，这是最大的挑战。

我们不能因为把东西卖完了就庆幸不已，更应该把握住销售时机，考虑如何能再进些货，争取卖出更多的商品。

规模经济：企业的规模并不是越大越好

淝水之战是我国历史上的一次著名战役。

383年8月，前秦皇帝苻坚亲率步兵60万、骑兵27万、羽林郎（禁卫军）3万，共90万大军从长安南下。近百万行军队伍"前后千里，旗鼓相望。东西万里，水陆齐进"。苻坚骄狂地宣称："以吾之众旅，投鞭于江，足断其流。"

这就是成语"投鞭断流"的来历。

东晋在强敌压境，面临生死存亡的危急关头，以丞相谢安为首的主战派决意奋起抵御。经谢安举荐，东晋皇帝任命谢安之弟谢石为征讨大都督，谢安之侄谢玄为先锋，率领经过7年训练，有较强战斗力的北府兵8万沿淮河西上，迎击秦军主力。

双方在淝水展开激战。结果，前秦军被歼和逃散的共有70多万。唯有鲜卑慕容垂部的3万人马完整无损。苻坚统一南北的希望彻底破灭，不仅如此，北方暂时统一的局面也随之解体，再次分裂成更多的地方民族政权。苻坚本人也在两年后被姚苌俘杀，前秦随之灭亡。

前秦的军队规模不可谓不大，但最终吃了败仗。看来，"阵容庞大"不一定能产生必然的正面效果。在经济学中，厂商的生产规模越大，不一定能让生产成本降下来。因此，我们有必要了解一下规模经济的概念。

一、规模经济

1.定义

规模经济又称规模利益，指随生产能力的扩大，使单位成本下降的趋势，即长期费用曲线呈下降趋势。

若厂商的产量扩大一倍，而厂商增加的成本低于一倍，则称厂商的生产存在规模经济，仅生产一辆汽车的成本是极其巨大的，而生产第101辆汽车的成本就低得多，而生产第10000辆汽车的成本就更低了，这是因为规模经济。

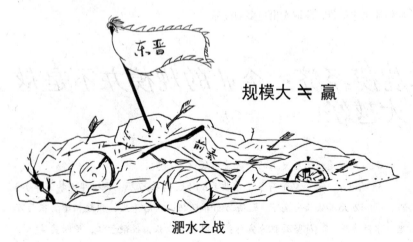

淝水之战

一般来说，随着产量的增加，厂商的生产规模逐渐扩大，最终厂商扩大规模使得生产处于规模经济阶段。

2.规模经济的原因

第一，随着生产规模的扩大，厂商可以使用更加先进的生产技术。在实际生活中，机器、设备往往是有不可分割性，有些设备只在较大的生产规模下才能得到使用。

第二，规模扩大有利于专业分工。

第三，随着规模扩大，厂商可以更为充分地开发和利用各种生产要素，包括一些副产品。

第四，随着规模扩大，厂商生产要素的购买和产品的销售方面就拥有更多的优势，随着厂商产量的增加，这些优势逐渐显现出来。

二、总产量、平均产量与边际产量

1.定义

总产量是指在其他条件不变情况下，某种可变生产要素的投入能够得到的最大产量。

平均产量是指总产量或总产出除以一种投入品的数量所得的值。例如，劳动的平均产量定义为总产量除以劳动的投入量。其他投入品的平均产量以此类推。

边际产量是指在其他生产要素投入不变的情况下，增加一个单位生产要素的投入所带来的总产量的增加量。又称为边际产品或边际产出。

2.总产量、平均产量和边际产量之间的关系

第一，在其他生产要素不变的情况下，随着一种生产要素的增加，总产量曲线、平均产量曲线和边际产量曲线都是先上升而后下降。这反映了边际产量递减规律。

第二，边际产量曲线与平均产量曲线相交于平均产量曲线的最高点。在相交前，平均产量是递增的，边际产量大于平均产量；在相交后，平均产量是递减的，边际产量小于平均产量；在相交时，平均产量达到最大，边际产量等于平均产量。

第三，当边际产量为零时，总产量达到最大；当边际产量为负数时，总产量就会绝对减少。

三、企业盈亏是否取决于规模

安德鲁·卡内基在打造他的钢铁帝国卡内基钢铁公司时，领悟道："价格的低廉和生产的规模是成正比的，因此，生产规模越大，成本就越低……降低成本、抢占市场、开足马力，只要控制好成本，利润自然就来了。"所谓规模，一是指生产的批量规模，二是指企业的规模。很多企业，成本降不下来，效率上不去，一个重要的原因就在于没有实现适度规模。实现适度规模的原则适用于所有行业，不过各个行业实现的方式并不一样。像钢铁、家电、汽车这些行业，生产之间的联系强，因此适于集中生产，即工厂的规模要大，而且集中在同一地区，才能发挥规模经济的优势。另外一些行业如零售商业，采取了集中与分散相结合的方式。集中进货、统一的物流配送、统一的管理制度，保证了成本最低。当企业的运营成本降下来时，消费者才能购买到更便宜的商品。规模能产出比分散生产经营更高的效益。这种效益主要来源于企业规模扩大后，管理人员和工程技术人员的专业化，企业设备和资源的利用率提高，并且使企业更具有挑战性。规模经济并不是意味着厂商的规模越大越好，对于特定的生产技术，当厂商的规模扩大到一定程度后，边际产量就会下降，从而造成收益下降。

沉没成本：不可收回的损失

一、沉没成本

2001年诺贝尔经济学奖得主斯蒂格利茨教授说，普通人（非经济学家）常常不计算"机会成本"，而经济学家则往往忽略"沉没成本"。

沉没成本指已经付出且不可收回的成本。举例来说，当你受诱惑花30元买了张《英雄》的电影票，已经付了票款且假设不能退票。此时你付的30元钱已经不能收回，就算你不看电影钱也收不回来，电影票的钱算作你的沉没成本。

企业的机器、厂房也会随着时间的推移而逐渐丧失其价值，会无形之中就贬值了。这源自两方面的原因：一是机器和厂房都有一定的使用年限，超过了这个时间就得报废；二是由于有新的技术和生产手段会大量涌现，机器和厂房会无形中贬值。

二、如何避免沉没成本

无论怎样，在实现同样战略目的的同时，尽可能减少沉没成本的支出无疑是所有企业都希望的。正如2000年前后网络公司竞争白热化时那样，比谁"烧钱"最快、最多，可以说是大多数投资者所不愿意看到的。

一是尽量避免决策失误导致的沉没成本。这要求企业有一套科学的投资决策体系，要求决策者从技术、财务、市场前景和产业发展方向等方面对项目做出准确判断。当然，市场及技术发展瞬息万变，投资决策失误难免。在投资失误已经出现的情况下，如何避免将错就错对企业来说才是真正的考验。

英特尔公司于2000年12月决定取消整个Timna芯片生产线就是这样一个例子。Timna是英特尔公司专为低端PC（Personal Computer个人计算机）设计的整合型芯片。当初在上这个项目的时候，公司认为今后计算机减少成本将通过高度集成（整合型）的设计来实现。可后来，PC市场发生了很大变化，PC制造商通过其他系统成本降低方法，已经达到了目标。英特尔公司看清了这点后，果断决定让项目下马，从而避免更大的支出。

二是通过合资或双边契约减少沉没成本。很多时候，沉没成本并不是由企业自身造成的，而是由合作方或供应链的上、下游方中断合作引起的。由于一项用于某一特定交易的耐用性投资往往具有专用性的特征，在这种情况下，如果交易突然终止，则所投入的资产将完全或很大部分会报废，从而产生相当一部分"沉没成本"。因此，通过合资或双边契约确保交易的连续性便显得格外重要，因为契约性或组织性的保障可以大大降低交易费用。

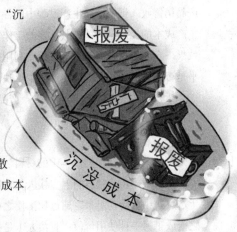

现代企业经营中，技术合作、策略或战略联盟已经成为一个重要的趋势，其内在原因，其实就包含了分散技术开发和市场拓展风险、减少沉没成本方面的考虑。

三、沉没成本的门槛效应

对一个行业或产业来说，其沉没成本的状况往往构成了进出壁垒的关键，并最终决定市场结构。贝恩咨询公司早在1956年就指出，若一个产业的固定成本或沉没成本很高，就会形成进入门槛。

那些具有明显规模经济和庞大硬件投入的资本密集型产业，如能源、通信、交通、房地产、集成电路、医药等产业，其超额回报可谓诱人，但其惊人的初始投入和高退出成本则往往使许多市场"准进入者"望而却步，因为这首先是一场"谁输得起"的比拼。

由于这些高沉没成本的产业往往同时具备低边际成本的特性，"输得起"的一方最终会成为市场的赢家。许多资本实力雄厚的企业正是利用沉没成本来建立自己的竞争优势。小企业通常只能选择沉没成本较低的竞争性行业求得发展。

生产成本及分类：生产者要考虑哪些成本"代价"

在市场经济条件下，产品成本是衡量生产消耗的补偿尺度，企业必须以产品销售收入抵补产品生产过程中的各项支出，才能确定赢利，因此在企业中生产成本的控制是一项极其重要的工作。生产成本能反映企业生产经营工作的效果。企业原材料消耗水平，设备利用好坏，劳动生产率的高低，产品技术水平是否先进等，都会通过生产成本反映出来。

生产成本是指生产单位为生产产品或提供劳务而发生的各项生产费用，即企业为生产产品而发生的成本。

一、标准成本

标准成本包括生产成本中的材料、人工、费用三项。

生产成本由直接材料、直接人工和制造费用三部分组成。直接材料是指在生产过程中的劳动对象，通过加工使之成为半成品或成品，它们的使用价值随之变成了另一种使用价值；直接人工是指生产过程中所耗费的人力资源，可用工资额和福利费等计算；制造费用则是指生产过程中使用的厂房、机器、车辆及设备等设施及机物料和辅料，它们的耗用一部分是通过折旧方式计入成本，另一部分是通过维修、定额费用、机物料耗用和辅料耗用等方式计入成本。

二、不变成本和可变成本

不变成本又称固定成本，是指总成本中（短期内）不随产量变动而变动的那些项目，如固定资产折旧、车间经费、企业管理费等，这些项目在产量增大或降低时都不会随之变化，故称不变成本或固定成本，对应的要素称为不变要素。

可变成本又称为变动成本，是指在总成本中随产量的变化而变动的成本项目，主要是原材料、燃料、动力等生产要素的价值，当一定期间的产量增大时，原材料、燃料、动力的消耗会按比例相应增多，所发生的成本也会按比例增大，故称为可变成本。

三、平均成本

平均成本是指平均每单位产品所分摊的成本。假设总成本为TC，总产量为Q，则平均成本AC=TC/Q。

要谋求成本的有效降低，必须分析影响成本各种因素中最本质的东西，也就是要做到"单元成本"，也就是平均成本的分析。降低平均成本，一直是每个企业所追求的主要目标。

第一种情况是，随着产量的增加，平均成本一直在下降。这种行业的生产技术特点是在开始时需要大量投资，以后产量增加时，每单位产品增加的成本并不多，最初的投资分摊在越来越多的产品上，从而平均成本越来越少。

第二种情况是，无论产量如何变动，平均成本基本不变。这种行业一般在经济中都是一些无足轻重的行业，它的市场需求量不大，产量也不大，所用的生产要素并非经济中较为紧缺的要素，不与其他行业争夺生产要素，因此即使产量增加，要素价格不会上升，成本也不会增加。而且初始的投资也不大，例如钢笔等小物品。

第三种情况是，随着产量的增加，平均成本先下降。当产量增加到一定数量时，平均成本达到最低。如果产量再增加，平均成本就增加了。也就是说，平均成本先随产量增加而递减，后随产量增加而增加。

产权：人们越来越关注的"资产归属感"

一、产权的含义

王戎是"竹林七贤"之一，小时候他就聪明过人。

一天，他同村里的孩子跑到村外去玩，来到离村子很远的地方了。突然他们发现前面不远的路边，长着一棵李子树，树上长满了鲜润的李子，十分诱人。

几个动作快的同伴，眨眼之间就像灵巧的猴子一样爬上了树。王戎却在后面慢慢地走着，对眼前的景象一副漠不关心的样子，并说，李子肯定是苦的。大家问他为啥，他只是笑而不答。

这时，树上和地上的孩子都拿出最大最好的李子尝了尝。"哇！"大家全都不约而同地吐了出来。"真的，真的太苦了！王戎，你吃过吗？你怎么知道这些李子是苦的呢？"王戎说："路边的李子树不归任何人所有，来来往往的人这么多，如果有好吃的李子早被人摘光了，哪还轮到我们？"

大家听了王戎的话，信服地点点头，沮丧地扔掉了手中的李子。

"路边苦李"的故事在经济学中就是产权的问题。产权是经济所有制关系的法律表现形式。它包括财产的所有权、占有权、支配权、使用权、收益权和处置权。

从私有财产的出现到市场经济的确立这几千年的历史中，产权指的是财产的实物所有权和债权，它侧重于对财产归属的静态确认和对财产实体的静态占有，基本上是一个静态化的范畴。而在市场经济高度发达的时期，产权更侧重于对财产实体的动态经营和财产价值的动态实现，它不再是单一的所有权利，而是以所有权为核心的一组权力，包括占有权、使用权、收益权、支配权等。

二、产权的三层含义

（1）原始产权，也称资产的所有权，是指受法律确认和保护的经济利益主体对财产的排他性的归属关系，包括所有者依法对自己的财产享有占有、使用、收益、处分的权利。

（2）法人产权，即法人财产权，其中包括经营权，是指法人企业对资产所有者授予其经营的资产享有占有、使用、收益与处分的权利。法人产权是伴随着法人制度的建立而产生的一种权利。

（3）股权和债权，即在实行法人制度后，由于企业拥有对资产的法人所有权，致使原始产权转变为股权或债权，或称终极所有权。原始出资者能利用股东（或债权人）的各项权利对法人企业产生影响，但不能直接干预企业的经营活动。

三、现代产权制度

产权制度就是制度化的产权关系或对产权的制度化，是划分、确定、界定、保护和行使产权的一系列规则。"制度化"的含义就是使既有的产权关系明确化，依靠规则使人们承认和尊重，并合理行使产权，如果违背或侵犯它，就要受到相应的制约或制裁。

现代产权制度是权责利高度统一的制度，其基本特征是归属清晰、权责明确、保护严格、流转顺畅。产权主体归属明确和产权收益归属明确是现代产权制度的基础；权责明确、保护严格是现代产权制度的基本要求；流转顺畅、财产权利和利益对称是现代产权制度健全的重要标志。

建立归属清晰、权责明确、保护严格、流转顺畅的现代产权制度，是市场经济存在和发展的基础，是完善基本经济制度的内在要求。当前我国经济社会发展中出现的一些矛盾和问题，都直接或间接地涉及产权问题。建立健全现代产权制度，是实现国民经济持续快速健康发展和社会有序运行的重要制度保障。

PART 06
市场竞争：竞争压力下的商业交锋

完全竞争：没有干扰的自由竞争

一、完全竞争的含义

完全竞争又称为自由竞争，是指一个市场完全靠一只看不见的手，即价格来调节供求。完全竞争具备两个不可缺少的因素：所提供销售的物品是完全相同的，不存在产品差别；买者和卖者都很多且规模相当，以至于没有一个买者或卖者可以影响市场价格。

例如，小麦市场就是一个很典型的完全竞争市场，有成千上万出售小麦的农民和千百万使用小麦和小麦产品的消费者。由于没有一个买者或卖者能影响小麦价格，所以，每个人都把价格作为既定的。

二、完全竞争的特点

第一，生产者所能提供的服务是无差别的。所有商品提供者的服务都是一样的，因而买什么样的商品对于消费者来说是没有差别的。

第二，在市场上有无数的买者和卖者。由于买者和卖者很多，大家都购买或出售相同的服务，并且其中任何一个买者或卖者的需求量或供给量都只占总需求或总供给的很小一部分，所以，大家无法左右市场价格，都是既定价格的接受者，而不是价格的决定者。

第三，在这个市场上，各种资源能够自由流动。也就是说，要想加入这个市场并无任何阻力，任何人都有资格进入该市场。另外，退出这一市场原则上也不存在任何障碍。

第四，在这个市场上，买者和卖者对市场的情况有充分的信息。买者和卖者都掌握市场的信息和动态。

三、自由竞争的好处

在美国的阿拉斯加自然保护区里，人们为了保护鹿，就消灭了狼。鹿没有了天敌，生活很是悠闲，不再四处奔波，便大量繁衍，引起了一系列的生态问题，致使瘟疫在鹿群中蔓延，鹿群大量死亡，竟然出现了负增长。

后来护养人员及时引进了狼，狼和鹿之间又展开了血腥的生死竞争。在狼的追赶捕食下，鹿群只得紧张地奔跑以逃命。这样一来，除了那些老弱病残者被狼捕食外，其他鹿的体质日益增强，鹿群恢复了生机。

鹿群的故事表明自由竞争是非常必要的，在人类经济生活中，自由竞争也有着重要的作用。在完全竞争的市场条件下，消费者和生产者都不会有什么不利，因为完全竞争的存在，迫使商品生产者竞相在降低成本、压低售价上做文章，可以使消费者按实际可以达到的最低价格来购买，而生产者按此价格出售也可获得正常利润。

从社会角度来看，完全竞争促使社会资源可以有效地分配到每一个部门，每一种商品的生产上，使之得到充分利用。生产效率低的企业在竞争中逐步被打败，就使得它的资金、劳力、设备等社会资源重新组合到生产效率高的企业中，这是社会的一种进步。就是因为竞争能够促进经济良性循环，刺激生产者的积极性，所以，要大力鼓励竞争，创造公平竞争的环境。

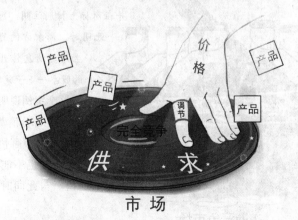

垄断竞争：垄断企业之间的差异生存

一、垄断竞争的含义

20世纪80年代，可口可乐与百事可乐之间竞争十分激烈。可口可乐为了赢得竞争，对20万13~59岁的消费者进行调查，结果表明，55%的被调查者认为可口可乐不够甜。本来不够甜加点糖就可以了，但可口可乐公司花了两年时间耗资4000万美元，研制出了一种新的更科学、更合理的配方。1985年5月1日，董事长戈苏塔发布消息说，可口可乐将中止使用99年历史的老配方，代之而起的是"新可口可乐"；当时记者招待会上约有200家报纸、杂志和电视台的记者，大家对新的可口可乐并不看好。

24小时后，消费者的反应果然印证了记者们的猜测。很多电话打到可口可乐公司，也有很多信件寄到可口可乐公司，人们纷纷表示对这一改动的愤怒，认为它大大伤害了消费者对可口可乐的忠诚和感情。旧金山还成立了一个"全国可口可乐饮用者协会"，举行了抗议新可口可乐活动，还有一些人倒卖老可口可乐以获利，更有人扬言要改喝茶水。

此时百事可乐火上浇油。百事可乐总裁斯蒂文在报上公开发表了一封致可口可乐的信，声称可口可乐这一行动表明，可口可乐公司正从市场上撤回产品，并改变配方，使其更像百事可乐公司的产品。这是百事可乐的胜利，为庆祝这一胜利，百事可乐公司放假一天。

面对这种形势，1985年7月11日，可口可乐公司董事长戈苏塔不得不宣布：恢复可口可乐本来面目，更名"古典可口可乐"，并在商标上特别注明"原配方"，与此同时，新配方的可口可乐继续生产。消息传开，可口可乐的股票一下子就飙升了。

这个案例说明，老的可口可乐已在部分消费者中形成了垄断地位，哪怕可口可乐公司总裁也不能动摇这种地位。与此同时，案例也说

垄断竞争市场

明在可口可乐、百事可乐、矿泉水以及茶水等饮料之间还是存在竞争的。这种市场就是垄断竞争市场。

垄断竞争是指这样一种市场结构，一个市场中有许多厂商生产和销售有差别的同种产品。垄断竞争在现实中是一种普遍存在的市场结构，日用品行业中尤为常见。垄断竞争是与自由竞争相对的概念，是指排斥、限制自由竞争的各种行为的总称。它与不正当竞争同属于竞争法的调整范围，但二者又有本质的差别：不正当竞争并不限制、排斥自由竞争，它是在承认并准许其他竞争对手参与自由竞争的前提下，采用了不正当、不合法的手段从事经营活动；而垄断的本质则是从根本上排斥、限制自由竞争的，与自由竞争不存在相容之处。

二、垄断竞争的条件

第一，生产集团中有大量的企业生产有差别的同种产品，这些产品彼此之间都是非常接近的替代品。例如，牛肉面和鸡丝面。这里的产品差别不仅指同一产品在质量、构造、外观、销售服务方面的差别，还包括商标、广告上的差别和以消费者的想象为基础的虚构的差别。例如，虽然两家饭店出售的同一菜肴（以清蒸鱼为例）在实质上没有差别，但是消费者心理上确认为一家饭店的清蒸鱼比另一家的鲜美，此时存在着虚构的差别。

第二，一个生产集团中的企业数量非常多，以至于每个厂商都认为自己的行为影响很小，不会引起竞争对手的注意和反应，因而自己也不会受到竞争对手的报复措施的影响。

第三，厂商的生产规模比较小，因此进入和退出一个生产集团比较容易。在现实生活中，垄断竞争的市场组织在零售业和服务业中是很普遍的，如修理、糖果零售业等。

第四，互不依存。市场上的每个竞争者都自以为可以彼此相互独立行动，互不依存。一个人的决策对其他人的影响不大，不易被察觉，可以不考虑其他人的对抗行动。

三、消除垄断

美国司法部起诉微软捆绑销售浏览器软件，涉嫌违反美国《反托拉斯法》，要求将它一分为二。有经济学家认为，微软公司无论从结构上（即市场份额）还是从行为上（即捆绑销售）都具备了垄断企业的性质，使更新更先进的技术没有了生长的空间，消费者付出了更高的价格，造成了社会福利的损失。持这种观点的经济学家往往都以美国当年拆分贝尔公司以及近些年香港特别行政区政府允许多家企业经营电信业务都使得电信资费下降和电信事业蓬勃发展为例，说明反垄断的必要性。另一种意见认为，微软是通过正当的市场竞争手段获取的垄断地位，这种垄断无可非议，因为任何一个竞争中的厂商最终无不追求垄断利润，搞捆绑销售只不过是企业营销战略的选择，只要不是政府行为或寻租行为形成的垄断都是可以接受的，将微软分拆无疑会对美国的新经济带来负面影响，因为它改变了创业者的预期，对创业财富的安全性产生了疑虑。经济自由学派的大师们如弗里德曼、张五常都是持第二种观点的。

　　哈佛大学教授高里·曼昆对分拆微软计划提出了质疑，并且在文章中讲了一个寓言故事：某人发明了第一双鞋，并为此申请了专利，成立了公司。鞋很快卖疯了，他成了最富裕的人。但这时他变得贪婪了，把袜子和鞋捆绑销售，还声称这种捆绑销售对消费者有利。于是政府出面说话了，认为他试图把其垄断地位从一个市场扩展到另一个市场。现在关键的问题出现了：政府应该怎么处置他呢？政府可以把他的公司拆成两个公司：一个卖黑鞋，一个卖白鞋，让它们相互竞争，这样消费者会得到好处。但是政府却要把它分拆成这样两个公司：一个生产左鞋，一个生产右鞋。这种分拆使事情变得更糟，因为生产像左鞋和右鞋这样互为补充的产品的垄断公司，双方都会要求得到更多的垄断利润，生产右鞋的公司根本不用考虑左鞋的需求就提高价格，生产左鞋的公司也会紧跟而上，这样消费者买一双鞋就要花比原来还要高的价钱。在故事里，政府的正确做法是取消鞋的发明专利，让别人也来开鞋厂，从而消除垄断。

四、垄断竞争不一定是坏事

　　寡头垄断一般是垄断趋势和竞争趋势联合起作用。最简单的形式是：卖主不多，各个卖主都供应足够大的市场份额，以致其政策有任何变化都将影响所有竞争者的市场份额并引起其反应。

　　从总体上讲，西方经济学家认为，垄断竞争是利大于弊的。垄断竞争市场上的商品价格依然要高于完全竞争市场上的商品价格，而且此时资源的利用也不如完全竞争条件下那样充分。消费者虽然要付出较高的价格，但是他们选择产品的余地加大了；生产者虽然浪费了一定的资源，但是由于竞争的存在，同时，又有垄断的保护，他们还乐意从事技术创新，这对整个社会是有益的。

差别定价：同机不同价的缘由

一、差别定价的含义

三位乘客乘飞机从北京回大连，在飞机上闲聊，结果发现他们的机票价格各不相同。第一位乘客通过旅行社订机票去大连旅游，票价340元；第二位乘客提前一个月预订机票，票价580元，第三位乘客去大连有急事，临时买的机票，票价740元。在市场经济条件下，商品的交换在价值规律的作用下进行，实行等价交换，体现公平原则，怎么这里会出现同物不同价呢？

这里涉及一个商业用语——差别定价，差别定价是企业以两种或两种以上不同反映成本费用的比例差异的价格来销售一种产品或服务，即价格的不同并不是基于成本的不同，而是企业为满足不同消费层次的要求而构建的价格结构。

二、差别定价的原因

航空公司就较好地运用了这一原理，实现了利润最大化。第一位乘客对机票的需求弹性最大，因为是去旅游，什么时候去怎么去比较灵活，所以去旅行社订机票很便宜。由于旅行社和航空公司有长期合作的关系，且购票数量大而稳定，所以会享受到很低的价格。第二位乘客弹性需求居中。提前订票会给航空公司留出时间做合理的飞行安排，所以航空公司给出比较合适的折扣。第三位乘客需求弹性最小，因为有急事，只有乘飞机最快，这类乘客无论机票有没有折扣都要走，所以不会给第三位乘客优惠。

差别定价

三、差别定价的方法

价格歧视的前提是市场分割。如果生产者不能分割市场，就只能实行一个价格。如果生产者能够分割市场，区别顾客，而且要分割得不同市场具有明显不同的支付能力。这样企业就可以对不同的群体实行不同的商品价格，尽最大的可能实现企业较高的商业利润。

（1）顾客细分定价。企业把同一种商品或服务按照不同的价格卖给不同的顾客。例如，公园、旅游景点、博物馆将顾客分为学生、年长者和一般游客，对学生和年长者收取较低的费用；铁路公司对学生、军人售票的价格往往低于一般乘客；自来水公司根据需要把用水分为生活用水、生产用水，并收取不同的费用；电力公司将电分为居民用电、商业用电、工业用电，对不同的用电收取不同的电费。

（2）产品形式差别定价。企业按产品的不同型号、不同式样，制定不同的价格，但不同型号或式样的产品其价格之间的差额和成本之间的差额是不成比例的。比如：33英寸彩电比29英寸彩电的价格高出一大截，可其成本差额远没有这么大；一件裙子70元，成本50元，可是在裙子上绣一组花，追加成本5元，但价格却可定到100元。

（3）形象差别定价。有些企业根据形象差别对同一产品制定不同的价格。这时，企业可以对同一产品采取不同的包装或商标，塑造不同的形象，以此来消除或缩小消费者认识到不同细分市场上的商品实质上是同一商品的信息来源。如香水商可将香水加入一只普通瓶中，赋予某一品牌和形象，售价为20元；而同时用更华丽的瓶子装同样的香水，赋予不同的名称、品牌和形象，定价为200元。或者用不同的销售渠道、销售环境来实施这种差别定价。如某商品在廉价商店低价销售，但同样的商品在豪华的精品店，辅以针对个人的服务和良好的售货环境，就可以高价销售。

（4）地点差别定价。企业对处于不同位置或不同地点的产品和服务制定不同的价格，虽然每个地点的产品或服务的成本是相同的。例如影剧院不同座位的成本费用都一样，却按不同的座位收取不同价格，因为公众对不同座位的偏好不同；火车卧铺从上铺到中铺、下铺，价格逐渐增高。

（5）时间差别定价。价格随着季节、日期甚至钟点的变化而变化。一些公用事业公司，对于用户按一天的不同时间、周末和平常日子的不同标准来收费。长途电信公司制定的晚上、清晨的电话费用可能只有白天的一半；航空公司或旅游公司在淡季的价格便宜，而旺季一到价格立即上涨。这样可以促使消费需求均匀化，避免企业资源的闲置或超负荷运转。

成本最小化：控制成本才最具竞争力

一、成本最小化原则

在市场经济中，利润最大化与成本最小化是企业永恒的主题。一个企业要达到利润最大化，就必须对投入要素进行最优配置以使成本最小。因此，我们要想取得最大利润，就要遵循成本最小化原则。

成本，其实是会计学中的一个概念，在经济学的分析中也广泛应用。成本是指为了得到一定的预期结果所付出的代价。成本有不同的分类，包括生产成本、管理成本、交易成本等。

企业是市场中的微观主体，是以赢利为目的的，所以，成本最小化是企业在竞争中取胜的关键战略之一，成本控制是所有企业都必须面对的一个重要管理课题。企业无论采取何种改革、激励措施都代替不了强化成本管理、降低成本这一工作，它是企业成功最重要的方面之一。有效的成本控制管理是每个企业都必须重视的问题，抓住它就可以带动全局。

二、如何控制成本

首先，重视技术进步。企业需要的不是单纯的技术而是对经济有帮助作用的技术，从技术与经济相互影响、相互制约的关系出发，重视技术进步，对降低成本有着重要作用。一方面，技术上的新成果只有在经济上需要且有采用条件时，才能在生产中得到广泛应用；另一方面技术的进步也推动着经济的发展。如新产品开发、质量的提高等，因而能够促进科学技术转化为生产力。同时又通过技术进步对经营管理水平提出更高的要求，从而达到了经济和技术的统一。

其次，将无效消耗控制到最低点。从获得产品和发生消耗的关系来看，在企业的全部消耗上，有一部分是有效消耗，它是获得社会产品（即合格品）的必要消耗；另一部分是无效消耗，是获得产品不应发生的消耗，如废品消耗、管理不善造成的浪费等。

对于获得一定产品而发生的有效消耗，在一定生产条件下是一定的，是相对固定不变的；对于获得一定产品而发生的无效消耗，是相对变化的，是普遍存在的。后者是控制的对象，要通过一系列措施对这一消耗进行控制，使其降低到最低点。

最后，严格支出管理。

对支出管理来说，由于企业可以通过再循环的方式来提高对任何成本支出的控制，分析支出以及制定出最合理的运作流程并制定采购战略则显得尤为重要。"除了人员的薪水支出以及投资性支出外，我们要对所有的支出情况进行分析。这样才能找到最适合的方式、途径，包括买什么、从谁那里买、什么时候买，等等。譬如说是该统一采购还是单品采购，或是联合采购。确定了采购方式之后，就要寻找合格的供应商，并进行商务谈判等。接下来就是合同的执行和货款的支付，最后是制定对供应商进行长期有效管理的流程和制度。"

三、成本的阶段控制

企业的成本控制工作，一般是按由低到高、循序渐进的步骤展开的。归纳起来可以分为两大阶段：

第一阶段，内涵成本控制阶段。这是初步成本控制阶段，主要包括原材料、生产成本等控制，其主要目的是打好生产基础。

第二阶段，外延成本控制阶段。随着企业外部原材料价格的大幅度上涨、企业增支减利因素不断增加，单纯靠内涵控制已不能适应经济形势发展的要求。这一阶段主要是系统控制，对销售成本、生产成本、行政成本等各个方面进行控制。

总之，随着市场竞争的日益激烈，降低产品成本、实行低成本战略已成为企业获得竞争优势、提高经济效益的重要途径之一。尽量降低成本应该成为企业始终追求的目标。

兼并：企业扩张的快捷方式

一、兼并的含义

企业兼并在当今已经屡见不鲜。当优势企业兼并了劣势企业，后者的资源便可以向前者集中，这样一来就会提高资源的利用率，优化产业结构，进而显著提高企业规模、经济效益和市场竞争力。

对于一个国家而言，企业兼并有利于其调整产业结构，在宏观上提高资源的利用效率。对兼并的研究，一直是经济学家的重点课题。不过，在此需要指出，人们提起兼并的时候，往往会把这样几个词混淆："兼并""合并"与"收购"。

它们的共同点在于：这三种行为都是企业产权的有偿转让，即都是企业的买卖，都是企业为了谋求发展而采取的外部扩张措施。但具体来说，合并是指两家以上的公司归并为一个公司。兼并是指把其他企业并入本企业里，被兼并的企业将失去法人资格或改变法人实体。收购在操作程序上与合并相比要相对简单，只要收购到目标公司一定比例的股权，进行董事会、监事会改组就可以达到目的。因此，一般情况下，可以这样认为：收购是兼并中的一种形式，即控股式兼并，而兼并又包含在广义的合并概念中，它是合并中的一种形式，即吸收合并。

二、企业兼并的主要形式

购买兼并，即兼并方通过对被兼并方所有债权债务的清理和清产核资、协商作价、支付产权转让费，取得被兼并方的产权。

接收兼并，这种兼并方式是以兼并方承担被兼并方的所有债权、债务、人员安排以及退休人员的工资等为代价，全面接收被兼并企业，取得对被兼并方资产的产权。

控股兼并，即两个或两个以上的企业在共同的生产经营过程中，某一企业以其在股份比例上的优势，吸收其他企业的股份份额形成事实上的控制关系，从而达到兼并的目的。

行政合并，即通过国家行政干预将经营不善、亏损严重的企业，划归为本系统内或行政地域管辖内最有经营优势的企业，不过这种兼并形式不是严格法律意义上的企业兼并。

　　企业兼并，是企业经营管理体制改革的重大进展，对促进企业加强经营管理，提高经济效益，有效配置社会资源具有重要意义。当今世界上，任何一个发达国家在其经济发展过程中，都经历过多次企业兼并的浪潮。以美国为例，在历史上就曾发生过5次大规模企业兼并。其中发生于19世纪末20世纪初的第一次兼并浪潮便充分发挥了优化资源配置，在微观上和宏观上"双管齐下"的巨大威力，不仅使得企业走上了腾飞之路，更是基本塑造了美国现代工业的结构雏形。

　　当今世界航空制造业排行第一的美国波音公司有过多次兼并其他企业的案例，其中最著名的就是兼并美国麦道公司。在1996年，"麦道"在航空制造业排行世界第三，仅次于"波音"和欧洲的"空中客车"。该年"波音"以130亿美元的巨资兼并"麦道"，使得世界航空制造业由原来"波音""空中客车"和"麦道"三家共同垄断的局面，变为"波音"和"空中客车"两家之间的超级竞争。新的波音公司在资源、研究与开发等方面的实力急剧膨胀，其资产总额达500多亿美元，员工总数达20万人，成为世界上最大的民用和军用飞机制造企业。这对于"空中客车"来说构成了极为严重的威胁，以至于两家公司发生了激烈的争执。在经过艰苦的协商、谈判后，波音公司最终被迫放弃了已经和美国几十家航空公司签订的垄断性供货合同，以换取欧洲人对这一超级兼并的认可。但是不管怎样，前无古人的空中"巨无霸"由此诞生，并对世界航空业产生了巨大影响。

　　由于兼并涉及两家以上企业的合组，其操作将是一个非常复杂的系统工程。成功的企业兼并要符合这样几个基本原则："合法""合理""可操作性强""产业导向正确"以及"产品具有竞争能力"。同时，企业兼并还要处理好"沟通"环节，包括企业之间技术的沟通，以及人与人的交流。只有这样，才能使企业兼并发挥它的优势，否则将会适得其反，在未能达到兼并目的的同时反受其害。有统计表明，全球一半以上的企业兼并行为都没有达到预期的目标——从表面上看，企业规模是增加了，但却没有创造出经济效益，更有甚者，因为兼并使得企业失去了市场竞争力。

　　产业经营是做"加法"，企业兼并是做"乘法"。很多企业家看到了"乘法"的高速成长，却忽视其隐藏的巨大风险，现实中有太多在产业界长袖善舞的企业家最后在资本运营中折戟沉沙。

在20世纪90年代初期，网民的计算机上同时使用着两种浏览器：一种是微软的Explore，另一种则是美国网景公司的Netscape。微软凭借强有力的竞争措施逐渐在浏览器市场上占据了优势地位，网景处于相对的弱势地位。

1998年，美国在线（AOL）以42亿美元的价格收购了Netscape。当时，Netscape在微软所提供的免费浏览器面前已经显得非常渺小，但美国在线却对其前景颇为看好。在他们看来，依靠美国在线的雄厚财力和技术优势，可以使得Netscape重新焕发活力，成为与微软竞争的对手。然而，无情的事实证明这是一项失败的兼并。首先，该次合并在一开始就受到很多人的质疑，认为两个公司在程序设计上，技术差异太大，难以兼容；其次，美国在线急于求成，于2000年直接跳过Netscape5，推出基于一项新技术Mozilla0.6原始码的Netscape6。但是，由于Mozilla0.6一时并不稳定，结果Netscape6进一步失去了自己原有的用户。这两大失误使得美国在线不得不于2008年3月1日起，停止开发网景浏览器，作为一款曾经改变互联网、有着辉煌历史的浏览器，Netscape彻底退出了历史舞台。

三、跨国并购

如今在全球一体化的经济背景下，跨国生产经营已经成为一种新的经营战略和资源配置模式。生产经营的跨国化是生产领域中最显著的国际现象，也是国际经济关系向紧密方向发展得更深刻的表现。跨国公司在全球范围组织生产过程，民族、国家的市场障碍不断被跨国公司的全球战略所冲破。

2010年3月28日晚9点，吉利正式与美国福特汽车公司达成协议，以18亿美

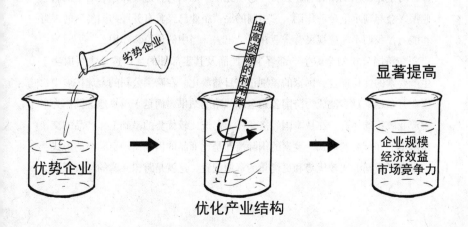

元收购福特旗下的沃尔沃轿车，获得沃尔沃轿车公司100%的股权以及相关资产（包括知识产权）。专家指出，正处于往高端汽车转型时期的吉利抓住金融危机的机遇，成功收购沃尔沃，这是中国民营汽车企业在走向国际化道路上取得成功的标志性事件，而浙江吉利控股集团董事长李书福成为人们眼中最幸福的中国人。

吉利收购沃尔沃是国内汽车企业首次完全收购一家具有近百年历史的全球性著名汽车品牌，并首次实现了一家中国企业对一家外国企业的全股权收购、全品牌收购和全体系收购。

吉利收购沃尔沃并非一蹴而就。早在2002年，李书福就动了收购沃尔沃的念头，对其研究已有8年多，首次正式跟福特进行沟通也距今将近3年。在李书福看来，吉利对沃尔沃及汽车行业的理解，以及对于福特的理解等，都是福特选择吉利作为沃尔沃新东家非常重要的元素。

"并不是有钱就能买到全球名车之一的沃尔沃，反过来讲，也并不是说钱不多就买不到。"李书福认为，中国在采购与研发方面所蕴含的成本优势，必将增强未来沃尔沃轿车的全球竞争力。

对这起并购事件，商务部对外投资和经济合作司李明光处长对《中国经济周刊》表示，国内整车制造企业去收购境外整车制造企业，吉利虽然不是第一例（2004年上汽收购韩国双龙），但影响却很大。在李明光看来，中国巨大的市场份额也是吸引沃尔沃的主要因素之一。

"尽管吉利的技术实力不如沃尔沃，但是我们有巨大的国内市场作为支撑，对重振沃尔沃品牌有好处。"李明光说。他认为，这起并购案对中国制造业振兴会起到示范带动作用。"中国的民营企业已经具有开展跨国经营的视野和能力，我们不能忽视民营企业在'走出去'当中的地位和作用。"

在跨国公司的全球生产部署下，产品及其零部件的生产选址主要取决于生产要素的优化配置，国家的差别正在日益淡化。在跨国公司的全球拓展中，产业分布越来越多地成为跨国公司全球战略的结果，而越来越少地继续作为本国产业政策的体现。在从本国经济条件上形成比较优势的基础上，产品的交换是基本的和首要的形式。要素的国际流动是比商品的国际流动更高级的形式，它可以形成新的比较优势和更优化的资源配置，这就是跨国并购的经济意义。

PART 07
税收：社会财富的再分配

公平和效率：政府调控市场的目的

一、公平与效率的含义

公平指人与人的利益关系及利益关系的原则、制度、做法、行为等都合乎社会发展的需要。公平是一个历史范畴，不存在永恒的公平。不同的社会，人们对公平的观念是不同的。

公平理论是美国心理学家亚当斯1965年提出的。该理论的基本要点是：人的工作积极性不仅与个人实际报酬多少有关，而且与人们对报酬的分配是否感到公平更为密切。人们总会自觉或不自觉地将自己付出的劳动代价及其所得到的报酬与他人进行比较，并对公平与否做出判断。公平感直接影响职工的工作动机和行为。因此，从某种意义来讲，动机的激发过程实际上是人与人进行比较，做出公平与否的判断，并据以指导行为的过程。

效率就是人们在实践活动中的产出与投入之比值，或者叫效益与成本之比值，如果比值大，效率就高，也就是效率与产出或者收益的大小成正比，而与成本或投入成反比。也就是说，如果想提高效率，必须降低成本投入，提高效益或产出。

二、公平与效率的关系

1.效率原则

效率优先，对于企业来说，在竞争中，在同一市场条件下，效率是决定企业生存和发展的关键，所以应以效率为先，企业在制定发展战略时要根据市场需求制定切实可行的发展战略，在企业内部，要尽可能降低成本，提高产品质量。充分挖掘人力资源，调动员工的积极性，从而提高效率。企业的效率好，才能在激烈的市场竞争中处于优势。要发展经济，必须追求效率。

2.公平原则

公平已经受到越来越多人的关注。由于种种原因，社会上存在着弱势群体，对这些弱势群体，政府应当注重公平，通过种种措施，如向高收入者征收个人所得税，把这部分资金转移给弱势群体，如发放失业救济金，帮助下岗职工再就业，帮助失学儿童重返课堂。只有这样，才能使这部分人得到应有的帮助，以获得应有的教育机会和参加职位竞争的机会，挖掘这部分人的潜力，避免人力资源的浪费，提高效率。

公平促进效率，有利于效率的实现，效率为公平的实现提供了物质基础，二者是一致的。反对那种小生产者的绝对平均主义的平等观，提倡多劳多得。但要兼顾公平，国家通过各种办法，用政策加以调节，倾斜于弱势群体，给其以平等的机会参与竞争，参与国家的经济建设，以提高整体的经济效率。

在公平与效率之间，既不能只强调效率而忽视公平，也不能因为公平而不要效率。应该寻求一个公平与效率的最佳契合点，实现效率，促进公平。

三、凯恩斯主义

在凯恩斯之前的西方经济学界，人们普遍接受以亚当·斯密为代表的古典学派的观点，即在自由竞争的市场经济中，政府只扮演一个极其简单的被动的角色——充当"巡夜警察"。凡是在市场经济机制作用下，依靠市场能够达到更高效率的事，都不应该让政府来做。国家机构仅仅执行一些必不可少的重要任务，如保护私人财产不被侵犯，但从不直接插手经济运行。

然而，历史的事实证明，自由竞争的市场经济导致了严重的财富不均，经济周期性巨大震荡，社会矛盾尖锐。1929~1933年间爆发的全球性经济危机就是自由经济主义弊端集中爆发的结果。因此，以凯恩斯为代表的一批凯恩斯主义者浮出水面，他们提出，现代市场经济的一个突出特征，就是政府不再仅仅扮演"巡夜警察"的角色，而是要充当一只"看得见的手"，平衡以及调节经济运行中出现的重大结构性问题。

相比于亚当·斯密的自由主义，凯恩斯主义认为，凡是政府调节能比市场提供更好服务的地方，凡是个人无法进行平等竞争的事务，都应该通过政府的干预来解决问题。凯恩斯强调政府的作用：即政府可以协调社会总供需的矛盾、制定国家经济发展战略、进行重大比例的协调和产业调整。它最基本的经济理论，是主张国家采用扩张性的经济政策，通过增加需求促进经济增长。

四、宏观调控

斯蒂格利茨和沃尔什在回答"政府之所以要干预经济"时，将政府纠正市场失灵作为首要的原因。

在现代市场经济的发展中，市场是"看不见的手"，而政府的引导被称为"看得见的手"。为了克服"市场失灵"和"政府失灵"，人们普遍寄希望于"两只手"的配合运用，以实现在社会主义市场经济条件下的政府职能的转变，既实现效率也实现公平。经济学家把"宏观调控"这个词就理解为宏观经济政策。所以实际应用上，宏观调控的含义正在慢慢改变。在市场经济环境下，长期引领西方经济的自由经济主义观念对政府的宏观调控不甚赞同。20世纪80年代，有些西方国家的经济研究部门叫宏观调节部，表明在当时的经济形势下对宏观调节还有一点敬畏，后来慢慢改称了"宏观调控"，这是因为政府对经济的控制有所加强。宏观调控由此演变为一个长期的宏观经济政策概念，在任何时候都要存在。

经济学认为，宏观调控的手段和作用是通过制订计划（经济手段），指明经济发展的目标、任务、重点；通过制定法规（法律手段），规范经济活动参加者的行为；通过采取命令、指示、规定等行政措施（行政手段），直接、迅速地调整和管理经济活动。其最终目的是为了补救看不见的手在调节微观经济运行中的失效。如果政府的作用发挥不当，不遵循市场的规律，也会产生消极的后果。

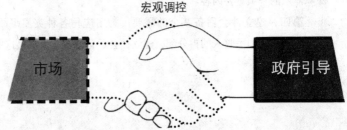

宏观调控

市场　　政府引导

社会再分配：最正当的"劫富济贫"计划

一、再分配的原因

再分配（也称社会转移分配）是指，在初次分配结果的基础上各收入主体之间通过各种渠道实现现金或实物转移的一种收入再次分配过程，也是政府对要素收入进行再次调节的过程。

第一，满足非物质生产部门发展的需要。在国民收入初次分配过程中，只有物质生产部门的劳动者获得了原始收入，而非物质生产部门要获得收入，必须通过对国民收入的再分配解决。通过对国民收入的再分配，把物质生产部门创造的一部分原始收入，转给不创造国民收入的非物质生产部门，形成"派生收入"，以满足文化教育、医疗卫生、国家行政和国防安全等部门发展的需要和支付这些部门劳动者的劳动报酬。

第二，加强重点建设和保证国民经济按比例协调发展的需要。国民经济各部门、各地区、各企业的发展往往是不平衡的，它们的发展速度、生产增长规模、技术结构等互不相同，不可避免地会出现某些比例不协调现象和薄弱环节。同时，各物质生产部门、各地区、各企业从国民收入初次分配中得到的收入份额，往往同它们各自的经济文化发展的需要不相一致。因此，社会主义国家必须从宏观调控的全局出发，有计划地将国家集中的纯收入，通过再分配，在不同部门、地区和企业之间调节使用，以加强重点建设，克服薄弱环节，保证国民经济按比例协调发展。

第三，建立社会保障基金的需要。劳动者的养老、医疗、失业等保证基金，以及社会救济、社会福利、优抚安置等基金，除企业、个人负担外，有一部分也需要通过国民收入的再分配，建立社会保证基金来解决。这是建立社会保障体系的一项重要内容。

第四，建立社会后备基金的需要。为了应付各种突发事故和自然灾害等，需要通过国民收入的再分配，建立社会后备基金，来满足这些临时性的应急需要。

二、再分配的手段

（1）收入税。居民和企业等各收入主体当期得到的初次分配收入依法应支付的所得税、利润税、资本收益税和定期支付的其他经常收入税。政府以此对企业和个人的初次分配收入进行调节。

（2）财产税。居民等财产拥有者，根据现有财产状况，依法缴纳的动产税和不动产税，如房产税、遗产税等，政府以此对居民收入进行的调节属于存量调节。

（3）社会缴费。居民为维持当前和未来的福利，保证在未来各个时期能获得社会福利金，而对政府组织的社会保险计划或各个单位建立的基金所缴纳的款项，如失业保险、退休保险、医疗保险计划等。

（4）社会福利。指居民从政府获取的、维持最基本生活的收入，主要包括社会保险福利金（如失业金、退休金、抚恤金、医疗保险金等）和社会救济金（如生活困难补助、救济金）。

（5）其他转移收支。包括政府内部转移收支；本国政府与外国政府、国际组织之间的援助、捐赠、会费缴纳等，对私人非营利性机构的捐赠、赞助等转移收支；居民之间的内部转移收支，如城镇居民对农村居民的转移收支。再分配主要由政府调控机制起作用，政府进行必要的宏观管理和收入调节，是保持社会稳定、维护社会公正的基本机制。

税收：个人收入的调节与社会公平的实现

一、税收的概念

税收是国家为了实现其职能，按照法定标准，无偿取得财政收入的一种手段，是国家凭借政治权力参与国民收入分配和再分配而形成的一种特定分配关系。

税收这一概念的要点可以表述为五点：

（1）税收是财政收入的主要形式。

（2）税收分配的依据是国家的政治权力。

（3）税收是用法律建立起来的分配关系。

（4）税收采取实物或货币两种征收形式。

（5）税收具备强制性、无偿性和相对固定性三个基本特征。

二、税收的基本特性

（1）税收的强制性。税收的强制性是指税收是国家以社会管理者的身份，凭借政权力量，依据政治权力，通过颁布法律或政令来进行强制征收。负有纳税义务的社会集团和社会成员，都必须遵守国家强制性的税收法令，在国家税法规定的限度内，纳税人必须依法纳税，否则就要受到法律的制裁。

（2）税收的无偿性。税收的无偿性是指通过征税，社会集团和社会成员的一部分收入转归国家所有，国家不向纳税人支付任何报酬或代价。无偿性体现在两个方面：一方面是指政府获得税收收入后无须向纳税人直接支付任何报酬；另一方面是指政府征得的税收收入不再直接返还给纳税人。

（3）税收的固定性。税收的固定性是指税收是按照国家法令规定的标准征收的，即纳税人、课税对象、税目、税率、计价办法和期限等，都是税收法令预先规定了的，有一个比较稳定的试用期间，是一种固定的连续收入。对于税收预先规定的标准，征税和纳税双方都必须共同遵守，非经国家法令修订或调整，征纳双方都不得违背或改变这个固定的比例或数额以及其他制度规定。

税收的三个基本特征是统一的整体。其中，强制性是实现税收无偿征收的强有力保证，无偿性是税收本质的体现，固定性是强制性和无偿性的必然要求。

三、税率与边际税率

税率是指税额与课税对象之间的数量关系或比例关系，是指课税的尺度。边际税率是指征税对象数额的增量中税额所占的比率。

以超额累进的个人所得为例，假设免征额为800元，则800元以下的这部分所得额的边际税率为0，所得额为1000元时，增量为200元，税额为10元，则边际税率为10元÷200元=5%。当所得额为1800元时，增量1800−500−800＝500元，税率10%，税额50元，边际税率10%。可见，个人所得税超额累进税率表中的每一级税率实际上就是相应级距所得额的边际税率。而平均税率则是指应纳税额和全部应税所得额的比例。

边际税率的高低会对经济产生不同的影响。边际税率越高，纳税人增加的可支配的收入就越少，虽然税收收入的作用增强，但却会产生某种程度的替代效应，如当工作的边际收入减少时，人们就会以闲暇去替代部分工作时间，从而妨碍人们努力工作。因此，累进税率中的边际税率要适度。

四、几种基本的税收

（1）流转税。流转税是以商品生产流转额和非生产流转额为课税对象征收的一类税。流转税是我国税制结构中的主体税类，目前包括增值税、消费税、营业税和关税等税种。

（2）所得税。所得税亦称收益税，是指以各种所得额为课税对象的一类税。所得税也是我国税制结构中的主体税类，目前包括企业所得税、个人所得税等税种。目前内外资企业所得税率统一为25%。（《企业所得税法》自2008年1月1日起施行。1991年4月9日第七届全国人民代表大会第四次会议通过的《中华人民共和国外商投资企业和外国企业所得税法》和1993年12月13日国务院发布的《中华人民共和国企业所得税暂行条例》同时废止。）另外，国家给予了两档优惠税率：一是符合条件的小型微利企业，按20%的税率征收；二是国家需要重点扶持的高新技术企业，按15%的税率征收。

（3）财产税。财产税是指以纳税人所拥有或支配的财产为课税对象的一类税。包括遗产税、房产税、契税、车辆购置税和车船使用税等。

（4）行为税。行为税是指以纳税人的某些特定行为为课税对象的一类税。我国现行税制中的城市维护建设税、固定资产投资方向调节税、印花税、筵席税都属于行为税。

（5）资源税。资源税是指对在我国境内从事资源开发的单位和个人征收的一类税。我国现行税制中资源税、土地增值税、耕地占用税和城镇土地使用税都属于资源税。

中篇

宏观经济学

PART 01
宏观经济学简述

宏观经济学：经济大趋势的一门学问

一、宏观经济学的产生

最早把经济学分为微观与宏观两部分的是凯恩斯。他把关于资源配置的理论称为微观经济学，而把产出与就业决定的资源利用理论称为宏观经济学。现代宏观经济学在凯恩斯的《就业、利息和货币通论》出版后迅速发展起来。美国凯恩斯主义经济学家萨缪尔森继承了这种提法，在1948年出版的《经济学》一书中把经济学分为微观与宏观两部分。自此以后，这种分法被经济学家普遍接受，一直延续到现在。

二、宏观经济学的地位

宏观经济通常是指一国的国民经济。宏观经济学是以一国经济总过程的活动为研究对象，主要考察就业总水平、国民总收入等经济总量，因此，宏观经济学也被称作就业理论或收入理论。

宏观经济学和微观经济学并不分开，"宏观"就是在"微观"的基本思维基础上发展的。但"宏观"又区别于"微观"。"微观"研究的是某个组织、部门或个人在经济社会中怎么样作出决策，以及这些决策会对经济社会有什么影响。而"宏观"则是研究整个的经济社会如何运作，并找出办法，让经济社会运行得更加稳定、发展得更快。

三、宏观经济学是一门什么样的学问

宏观经济学是研究总需求和总供给的学问，它研究经济总量的决定及其变动。它是用总量分析研究一个国家的资源充分利用的问题。

宏观经济学是从整体上考察一国经济总体运行及其规律的一门科学，最终是为了实现充分就业、物价稳定、经济持续增长、国际收支平衡这四大目标。

宏观经济学是从战略上考察一国的经济运行态势和经济安全，最终是为了实现经济的平稳增长，避免大起大落，避免经济过热或者过冷，实现经济的良性运行和社会的协调发展。

四、学习宏观经济学的作用

对于普通民众来说，学习宏观经济学可以帮助我们做出正确的决策和选择。作为一个普通人，你必然会关心能否找到一份理想的工作，收入有多少，物价变动对自己的财产和收入有什么影响。

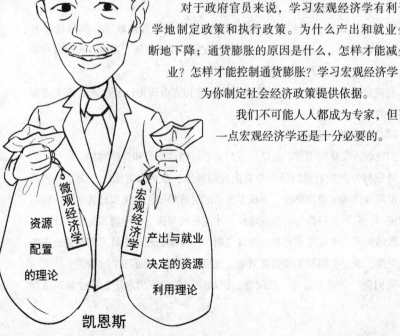

对于企业家和投资者来说，学习宏观经济学可以帮助我们做出正确的经营决策。作为企业家和投资者，你只有了解宏观经济的现状与未来，了解政策的影响与趋势，才能作出正确的经营与投资决策。

对于政府官员来说，学习宏观经济学有利于科学地制定政策和执行政策。为什么产出和就业会不断地下降；通货膨胀的原因是什么，怎样才能减少失业？怎样才能控制通货膨胀？学习宏观经济学，会为你制定社会经济政策提供依据。

我们不可能人人都成为专家，但了解一点宏观经济学还是十分必要的。

微观经济学

资源
配置
的理论

宏观经济学

产出与就业
决定的资源
利用理论

凯恩斯

宏观经济学的核心：国民收入决定理论

整个宏观经济学主要包括四大方面：国民收入核算理论、国民收入决定理论、宏观经济政策理论和国民收入变动理论，其中最重要、最核心的就是国民收入决定理论或就业理论。

一、国民收入核算

国民收入的核心就是GDP，即国内生产总值，国民收入核算理论就是紧紧围绕着GDP来分析的。国民收入核算主要包括GDP的核算方法（即支出法和收入法）、国民收入的恒等式（即储蓄—投资）、名义GDP和实际GDP这四个方面。

二、国民收入决定

国民收入决定理论是整个宏观经济学的核心，它主要包括简单国民收入决定理论、产品市场和货币市场的一般均衡以及总需求—总供给模型。这三个方面是层层递进，逐步深入的。

三、宏观经济政策

宏观经济政策分析包括：需求管理政策、供给管理政策、国际经济政策。最主要的是需求管理政策，包括财政政策和货币政策。重点分析财政政策和货币政策效果以及两个政策的配合使用。

宏观经济政策实践，主要是用财政政策和货币政策以及收入政策实现宏观调控的目标。

四、国民收入变动

国民收入变动的因素，包括通胀与失业、经济增长和经济周期。

通胀与失业是宏观经济中经常出现的现象。在通胀方面，主要有三种情况：由需求拉动的通货膨胀、由成本推动的通货膨胀、结构型通货膨胀。根据奥肯定律，只有保持高速的经济增长，才能有效解决失业问题。关于失业与通货膨胀的关系，可以用菲利普斯曲线说明。经济增长理论中最著名的是新古典增长模型。而经济周期主要包括繁荣、危机、萧条、复苏四个阶段。

我们会经常遇见这样一些问题：诸如中国的总产出水平和就业量是由什

么决定的？决定中国经济增长的因素有哪些？是什么引起世界经济的波动？是什么导致了失业？全球为什么会产生通货膨胀？全球经济体系对一国国民经济的运行有何影响？还有进出口贸易增长和下滑的问题、国际收入差额等问题，以及中国制定什么样的宏观经济政策才能改善经济运行状况等。对上述问题的探讨和分析构成了宏观经济学的主要内容。

宏观经济学关键词：总需求、就业、货币

需求、就业、货币，这几个关键词是宏观经济学的基本囊括，例如物价水平实际包含了消费者价格指数、生产者价格指数和国内生产总值价格指数。了解这几个关键词有助于我们从整体上更好地把握宏观经济学。

一、总供给和总需求

1.总供给

总供给与总需求是宏观经济学中的一对基本概念。总供给是经济社会的总产量（或总产出），它描述了经济社会的基本资源用于生产时可能有的产量。一般而言，总供给主要是由生产性投入（最重要的是劳动与资本）的数量和这些投入组合的效率（即社会的技术）所决定的。

总供给函数是指总供给（或总产出）和价格水平之间的关系。表示均衡国民收入与一般价格水平成正方向变动关系的曲线就是总供给曲线。在短期内，总供给曲线最初随着价格总水平提高而平缓上升，当价格总水平上升到一定程度之后，总供给曲线在潜在产出水平附近接近于一条垂直的直线。

2.总需求

总需求是经济社会对产品和劳务的需求总量。总需求由消费需求、投资需求、政府需求和国外需求构成，其中国外需求由国际经济环境决定，而政府需求主要是一个政策变量，因此消费需求和投资需求是决定总需求量的基本因素。

总需求函数是产品市场和货币市场同时达到均衡时的一般价格水平与国民收入之间的依存关系。表示均衡国民收入与一般价格水平呈反方向变动关系

的曲线就是总需求曲线。

二、就业与失业

劳动力是就业者与失业者的总和。就业人数是指能全日工作的成年人的数量。不过各个国家对成年人的规定不尽一致，如美国规定年龄16岁以上的为成年人。失业人数是指没有工作但却在积极寻找工作的成年人的数量。

为什么经济不能为全部劳动力提供足够的工作机会，是宏观经济学的一个重要研究课题。即使在经济繁荣时期，也会存在失业现象。因此，如何提供更多的就业机会，降低失业率，是任何一个国家的政府在制定宏观经济政策时都必须考虑的重要问题。

三、价格水平

价格水平是指一国经济中各种商品价格的平均数，它通常用具有重要影响的某些大类商品价格的指数来衡量。用来衡量价格水平的价格指数通常有：消费者价格指数、生产者价格指数和国内生产总值价格指数。

宏观经济政策的制定者并不关心价格水平本身，他们关心的是价格水平的变动。因为影响人们生产水平的不是价格水平，而是在价格水平变动时发生的经济调整。也就是说，对人们产生影响的是价格水平变动的过程，即通货膨胀和通货紧缩的过程。

四、乘数效应

乘数效应是宏观经济学的一个概念，也是一种宏观经济控制手段，是指支出的变化导致经济总需求与其不成比例的变化。当政府投资或公共支出扩大、税收减少时，对国民收入有加倍扩大的作用，从而产生宏观经济的扩张效应；当政府投资或公共支出削减、税收增加时，对国民收入有加倍收缩的作用，从而产生宏观经济的紧缩效应。

乘数效应因为出自凯恩斯之手，因此也叫凯恩斯乘数。在凯恩斯之前，就有人提出过乘数原理的思想和概念。但是凯恩斯进一步完善了这个理论。凯恩斯的乘数理论为西方国家从大萧条中走出来起到了重大的作用。

宏观经济学的理论基石：凯恩斯主义

一、萨伊定律

萨伊是18世纪末19世纪初的法国经济学家。萨伊定律产生于19世纪初法国拿破仑战争时期。当时物价急剧上升，货币贬值，公众不愿意保留货币，一有钱就赶快购买商品。

萨伊定律的内容是供给创造需求。一种产品的生产给其他产品开辟了销路，供给会创造自己的需求，不论产量如何增加，产品都不会过剩，至多只是暂时的积压，市场上商品的总供给和总需求一定是相等的，不会存在生产过剩性经济危机。这就是著名的萨伊定律。

萨伊不否认个别商品可能出现供不应求或生产过剩。但供不应求将导致商品价格上升，生产过剩就导致商品价格下跌，而商品价格的变化又会影响到供给和需求，从而在新的价格水平上达到均衡。

二、凯恩斯革命

18世纪初，一个名叫孟迪维尔的英国医生写了一首题为《蜜蜂的寓言》的讽喻诗。这首诗叙述了一个蜂群的兴衰史。最初，蜜蜂们追求奢侈的生活，大肆挥霍浪费，整个蜂群兴旺发达。后来它们改变了原有的习惯，崇尚节俭，结果蜂群凋敝，终于被敌手打败而逃散。

这首诗所宣扬的"浪费有功"在当时受到指责。英国中塞克斯郡大陪审团委员们就曾宣判它为"有碍公众视听的败类作品"。但在200多年之后，这部当时声名狼藉的作品却启发凯恩斯发动了一场经济学上的"凯恩斯革命"，建立了现代宏观经济学和总需求决定理论。

20世纪20年代英国经济停滞和30年代全世界普遍的生产过剩和严重失业打破了萨伊定理的神话。经济学发生了第一次危机。凯恩斯展开了对萨伊定理的批判，建立了以总需求分析为中心的宏观经济学。经济学的中心第一次由资源配置转向资源利用，由个体转向整体。

这是经济学中的一次革命。从20世纪四五十年代以来，凯恩斯的理论得到后人的进一步拓展，便之不断完善和系统化，从而构成了凯恩斯宏观经济学的完整体系。这些拓展主要体现在希克斯和汉森同时创建的"IS–LM1模型"、莫迪利安尼提出的"生命周期假说"、弗里德曼提出的"永久收入说"、托宾对投资理论的发展、索罗等人对经济增长理论的发展以及克莱因等人对宏观经济计量模型的发展。

三、凯恩斯主义

凯恩斯主义经济学或凯恩斯主义是根据凯恩斯的著作《就业、利息和货币通论》的思想基础上的经济理论。

凯恩斯认为，在短期中决定经济状况的是总需求而不是总供给，对商品总需求的减少是经济衰退的主要原因。总需求决定了短期中国民收入的水平。总需求增加，国民收入增加；总需求减少，国民收入减少。

引起20世纪30年代大危机的正是总需求不足，或者用凯恩斯的话来说是有效需求不足。通货膨胀、失业、经济周期都是由总需求的变动所引起的。当总需求不足时就出现失业与衰退。当总需求过大时就出现通货膨胀与扩张。

当总需求不足时，凯恩斯主张国家采用扩张性财政政策（增加政府各种支出和减税）与货币政策（降低利率增加货币供给量）来刺激总需求。当总需求过大时，凯恩斯主张采用紧缩性财政政策（减少政府各种支出和增税）与货币政策（提高利率减少货币量）来抑制总需求。这样就可以实现既无通货膨胀又无失业的经济稳定。

凯恩斯重视消费的增加。1933年当英国经济处于萧条时，凯恩斯曾在英国BBC电台号召家庭主妇多购物，称她们此举是在"拯救英国"。在《通论》中他甚至还开玩笑地建议，如果实在没有支出的方法，可以把钱埋入废弃的矿井中，然后让人去挖出来。已故的北京大学经济系教授陈岱孙曾说过，凯恩斯只是用幽默的方式鼓励人们多消费，并非真的让你这样做。但增加需求支出以刺激经济则是凯恩斯本人和凯恩斯主义者的一贯思想。

凯恩斯主义肯定了政府干预在稳定经济中的重要作用。战后各国政府在对经济的宏观调控中尽管犯过一些错误，但总体上还是起到了稳定经济的作用。战后经济周期性波动程度比战前小，而且没有出现30年代那样的大萧条就充分证明了这一点。

PART 02
国民收入：政府收支的庞杂算术题

国民收入：支撑一个国家需要赚多少钱

一、国民收入

国民收入是指一个国家在一定时期（通常为一年）内物质资料生产部门的劳动者新创造的价值的总和，社会总产品的价值扣除用于补偿消耗掉的生产资料价值的余额。我们通常用GDP、GNP等来衡量国民总收入，但最常用的还是GDP。

GDP能同时衡量两件事情，一个国家的总收入和这个国家的物品与劳务数量的总支出。由于在整体经济中，收入和支出必须相等，所以衡量总支出和总收入是同一回事。

在整体经济中，每一卖者的收入刚好等于买者的支出。例如，一家服装厂的老板为工人支付了2000元的工资，这位工人以劳动力的卖者的身份得到了2000元。因此，无论是以支出的标准，还是以收入的标准，GDP都增加了2000元。

二、GDP（国民生产总值）的核算方法

GDP反映的是国民经济各部门的增加值的总额。一般来说，GDP有三种形态，即价值形态、收入形态和产品形态。从价值形态看，它是所有常驻单位在

一定时期内生产的全部货物和服务价值与同期投入的全部非固定资产货物和服务价值的差额，即所有常驻单位的增加值之和；从收入形态看，它是所有常驻单位在一定时期内直接创造的收入之和；从产品形态看，它是货物和服务最终使用减去货物和服务进口。

以上三种情况，从计算角度来看，分别可以称为生产法（亦称部门法）、收入法（亦称成本法）和使用法（亦称最终产品法）。即生产法、收入法和支出法。

1.生产法

生产法是从生产角度计算国内生产总值的一种方法。从国民经济各部门一定时期内生产和提供的产品和劳务的总价值中，扣除生产过程中投入的中间产品的价值，从而得到各部门的增加值，各部门增加值的总和就是国内生产总值。计算公式为：

总产出－中间投入＝增加值

GDP=各行业增加值之和

也可以表示为：

GDP＝∑各产业部门的总产出－∑各产业部门的中间消耗

2.收入法

收入法是从生产过程中各生产要素创造收入的角度计算GDP的一种方法。即各常驻单位的增加值等于劳动者报酬、固定资产折旧、生产税净额和营业盈余四项之和。这四项在投入产出中也称最初投入价值。各常驻单位增加值的总和就是GDP。计算公式为：

GDP＝∑各产业部门劳动者报酬＋∑各产业部门固定资产折旧＋∑各产业部门生产税净额＋∑各产业部门营业利润

3.支出法

支出法是从最终使用

的角度来计算GDP及其使用去向的一种方法。GDP的最终使用包括货物和服务的最终消费、资本形成总额和净出口三部分。计算公式为：

GDP（国内生产总值）＝最终消费＋资本形成总额＋净出口

从生产角度看，GDP等于各部门（包括第一、第二和第三产业）增加值之和；从收入角度看，GDP等于固定资产折旧、劳动者报酬、生产税净额和营业盈余之和；从使用角度看，GDP等于总消费、总投资和净出口之和。

一国的经济指标：GDP和GNP

在经济学中，常用GDP和GNP（国民生产总值）共同来衡量该国或地区的经济发展综合水平，这也是目前各个国家和地区常采用的衡量手段。但GDP和GNP有着不同的内涵。

一、含义区别

国内生产总值GDP是反映一国（地区）全部生产活动最终成果的重要指标，是一个国家（地区）领土范围内，包括本国居民、外国居民在内的常驻单位在报告期内所生产和提供最终使用的产品和服务的价值。

国民生产总值GNP是指一个国家的国民在一年中生产的最终产品（包括劳务）的市场价值的总和。

二、统计的区别

GDP是指在本国领土生产的最终产品的市场价值总和，以领土为统计标准。换言之，无论劳动力和其他生产要素属于本国还是外国，只要是在本国领土上生产的产品和劳务的价值都记入国内生产总值。

GNP是本国常驻居民生产的最终产品市场价值的总和，它以人口为统计标准。换言之，无论劳动力和其他生产要素处于国内还是国外，只要是本国国民生产的产品和劳务的价值都记入国民生产总值。常驻居民包括居住在本国领土的本国公民、暂住外国的本国公民和常年居住在本国的外国公民。

举个例子来说，中国境内的可口可乐工厂的收入，并不包括在我们的GNP之中，而是属于美国的；而青岛海尔在国外开厂的收入则可以算在我们的GNP中。与GNP不同的是，GDP只计算在中国境内产生的产值，它包括中国境内可口可乐工厂的收入，但不包括青岛海尔在国外开厂的收入。

因此，国民生产总值和国内生产总值的关系是：

国民生产总值＝国内生产总值＋暂住国外的本国公民的资本和劳务创造的价值－暂住本国的外国公民的资本和劳务创造的价值

我们把暂住国外的本国公民的资本和劳务创造的价值减暂住本国的外国公民的资本和劳务创造的价值的差额称作国外净要素收入，于是有：

国民生产总值＝国内生产总值＋国外净要素收入

当国外净要素收入为正值时，国民生产总值就大于国内生产总值；反之，当国外净要素收入为负值时，国民生产总值就小于国内生产总值。

GDP失灵：无效的GDP与消失的GDP

GDP并不是一个完美的指标，还有无效的GDP和消失的GDP，我们计算国内生产总值还应建立有效GDP和累计GDP的概念。

一、无效的GDP

有这么一则令人捧腹的经典故事：

有两个非常聪明的青年经济学家，他们经常为一些高深的经济学理论争辩不休。

一天饭后去散步，为了某个数学模型的证明两位青年又争了起来，正在难分高下的时候，突然发现前面的草地上有一堆狗屎。甲就对乙说，如果你能把它吃下去，我愿意出5000万元。5000万元的诱惑可真不小，吃还是不吃呢？乙掏出纸笔，进行了精确的数学计算，很快得出了经济学上的最优解：吃！于是甲损失了5000万元，当然，乙的这顿加餐吃得也并不轻松。

两个人继续散步，突然又发现一堆狗屎，这时候乙开始剧烈地反胃，而甲也有点心疼刚才花掉的5000万元了。于是乙说，你把它吃下去，我也给你5000万元。于是，不同的计算方法，相同的计算结果——吃！甲心满意足地收回了5000万元，而乙似乎也找到了一点心理平衡。可突然，天才们同时号啕大哭：闹了半天我们什么也没有得到，却白白地吃了两堆狗屎！他们怎么也想

不通，只好去请教他们的导师，一位著名的经济学泰斗。听了两位高足的故事，没想到泰斗也号啕大哭起来。好容易等情绪稳定了一点，只见泰斗颤巍巍地举起一根手指头，无比激动地说："1个亿啊！1个亿啊！我亲爱的同学，我代表祖国和人民感谢你们，你们仅仅吃了两堆狗屎，就为国家的GDP贡献了1个亿的产值！"

两个人吃狗屎虽然创造了1个亿的GDP，但国民财富并没有增加，这就是无效的GDP。

二、消失的GDP

某地遭受百年未遇的特大洪水，大量房屋被冲毁，大片庄稼被淹没，第二年灾后重建，建筑运输等业一片繁荣，这一年的GDP是往年的120%，但老百姓反倒感觉自己的生活质量比原来差了一大截。原因很简单，洪水把多年来的劳动成果毁于一旦，而劳动成果就是往年GDP的累积，这些GDP因为洪水瞬间消失。

三、有效积累GDP

如果一边是GDP增加，一边是GDP的消失；或者是GDP在不断地增加，但增加的却是一些无效的GDP，那么再高的GDP发展速度也并不能证明社会的财富在增加，经济在发展。只有积累下来并为人们所需要的有效GDP才是人类真正的财富。

所以我们对GDP的认识有待提高和完善。如果启用了GDP有效累积这个概念，我们对一地的经济发展状况以及财富拥有程度就能够做出更加准确的判断，一地GDP的总有效累积数值越大，表明这个地方越富有；当年的GDP有效累积越多，说明当年此地的经济发展速度越快。

名义GNP和实际GNP：钱不一定值钱

一、名义GNP和实际GNP

不同时期的国民生产总值的差异既可能是由于商品和劳务的实物数量的区别，也可能是由于价格水平的变化。

为了能够对不同时期的国民生产总值进行有效的比较，我们选择某一年的价格水平作为标准，各年的国民生产总值都按照这一价格水平来计算。这个特定的年份就是所谓的基年，这一年的价格水平就是所谓的不变价格。

用不变价格计算的国民生产总值叫作实际国民生产总值，用当年价格计算的国民生产总值叫作名义国民生产总值。

需要指出的是，在实际国民生产总值的核算中，各个国家一般每过几年就重新确定一个基年。当我们把2000年作为基年时，该年的名义国民生产总值和实际国民生产总值就会相等。假定价格水平一直处于上升过程，那么，在2000年以前，名义国民生产总值就会小于实际国民生产总值；在2000年以后，名义国民生产总值就会大于实际国民生产总值。

二、名义GNP和实际GNP反映了什么

某一年的实际国民生产总值和名义国民生产总值之间的差别反映的是这一年的价格水平与基年的价格水平的差异程度。因此，可以根据某一年的名义国民生产总值和实际国民生产总值来计算价格指数，即国民生产总值隐含折算数。计算公式为：

国民生产总值隐含折算数=名义国民生产总值÷实际国民生产总值

国民生产总值隐含折算数，它可以用来反映通货膨胀的程度。用国民生产总值隐含折算数计算通货膨胀率的方法是：

t年的通货膨胀率=（t年的GNP隐含折算数–（t–1）年的GNP隐含折算数）/（（t–1）年的GNP隐含折算数）×100%

从上面可以看出，通过名义GNP和实际GNP可以计算出某一年的通货膨胀率。

PART 03
经济指标：国民经济运行的体检表

经济增长：*GDP变动的现实意义*

一、GDP是经济增长的依据

经济增长，通常是指在一个较长的时间跨度上，一个国家人均产出（或人均收入）水平的持续增加，经济增长代表的是一个国家或地区在一定时期内的总产出与前期相比实现的增长。总产出通常用国内生产总值（GDP）来衡量。

由于GDP中包含了产品或服务的价格因素，所以在计算GDP时，就可以分为，用现价计算的GDP和用不变价格计算的GDP。用现价计算的GDP，可以反映一个国家或地区的经济发展规模，用不变价格计算的GDP可以用来计算经济增长的速度。

二、经济增长率

对一国经济增长速度的度量，通常用经济增长率来表示。设N为本年度经济总量的增量，M为上年所实现的经济总量，则经济增长率G就可以用下面的公式来表示：

G=N/M

经济增长率的高低体现了一个国家或地区在一定时期内经济总量的增长速度，

也是衡量一个国家或地区总体经济实力增长速度的标志。

三、决定经济增长的因素

一是投资量。一般情况下，投资量与经济增长成正比。

二是劳动量。在劳动者同生产资料数量、结构相适应的条件下，劳动者数量与经济增长成正比。

三是生产率。生产率是指资源（包括人力、物力、财力）利用效率。提高生产率也对经济增长直接做出贡献。这三个因素对经济增长贡献的大小，在经济发展程度不同的国家或不同的阶段，是有差别的。一般来说，在经济比较发达的国家或阶段，生产率提高对经济增长的贡献较大。在经济比较落后的国家或阶段，资本投入和劳动投入增加对经济增长的贡献较大。

生产率：决定国家生活水平的重要数据

一、生产率

生产率是指投入与产出之间的比率。劳动生产率的提高可以使一国生产更多的产品。劳动生产率的增长是由于技术进步、劳动技能的改善和资本的增加。

（1）物质资本。物质资本指用于生产物品与劳务的设备等物质资本的投入。

（2）人力资本。人力资本是指工人通过教育、培训和经验而获得的知识与技能。

（3）自然资源。自然资源包括石油、天然气、土地、河流和矿藏，等等。加拿大和挪威就是凭借丰富的资源，在农业、渔业和林业等方面获得高产而发展起来的。

（4）技术知识。技术知识包括普通技术、专有技术、专利等。

二、提高生产率的重要意义

1.生产率提高的速度决定企业及国家经济发展的速度

生产率提高表示在同样的时间内，同样的人力、物力和资产可以创造出更多的产品或服务，获取更多的经济财富和社会效益。所谓国家经济增长速度即为人均国民生产总值的增长速度。

2.提高生产率是增加工资和改善人们生活的基本条件

一个国家的生活水平取决于其生产物品和劳务的能力。美国人比尼日利亚人生活好，这是因为美国工人生产率比尼日利亚工人高。日本人生活水平的提高比阿根廷人快，是因为日本人生产率提高得更迅速。

值得注意的是，我们只能享有我们生产的东西。不管工资和物价怎样变动，如果没有生产出更多的东西，即使工资不断提高，也会造成物价上涨，不仅改善不了人们的生活水平，反而可能造成通货膨胀。

3.提高生产率可以增强国际市场竞争力，保持国际贸易平衡

在国际市场上，当产品的品种、质量、性能等相当时，市场竞争中的价格竞争力将起重要的作用，交货期（这是非价格竞争力的一个重要的因素）也很关键。所以，生产率提高的产品就具有更大的优势，因为它所消耗的资源少，成本低，可以获得较强的价格竞争力。

4.生产率提高可以增加就业

生产率高、经济效益好的企业，一方面积极发展新品种或开辟新产业，以便进一步扩大生产求得发展，这就需要保持或者增加员工。

恩格尔系数："吃"出来的温饱、小康、富裕

在中国流行了上千年的问候语"吃了吗"不知道什么时候就被一句"你好"取代了。为什么"吃了吗"被"你好"替代了呢？经济学家认为随着经济的发展，人们花在吃上的支出比例越来越少，而花在服装、汽车、娱乐上的消费比例越来越多了。这种现象被称为"恩格尔系数"降低。

一、恩格尔系数

恩格尔系数是食品支出总额占个人消费支出总额的比重。

19世纪德国统计学家恩格尔根据统计资料，对消费结构的变化得出一个规律：一个家庭收入越少，家庭收入中（或总支出中）用来购买食物的支出所

占的比例就越大，随着家庭收入的增加，家庭收入中（或总支出中）用来购买食物的支出比例则会下降。推而广之，一个国家越穷，每个国民的平均收入中（或平均支出中）用于购买食物的支出所占比例就越大，随着国家的富裕，这个比例呈下降趋势。

恩格尔定律的公式为：恩格尔系数（％）=食品支出总额/家庭或个人消费支出总额×100%

恩格尔定律主要表述的是食品支出占总消费支出的比例随收入变化而变化的一定趋势。揭示了居民收入和食品支出之间的相关关系，用食品支出占消费总支出的比例来说明经济发展、收入增加对生活消费的影响程度。

二、恩格尔系数的意义

消费支出反映了居民的物价消费水平，是很重要的宏观经济学变量，被作为宏观调控的依据之一。恩格尔系数是国际上通用的衡量居民生活水平高低的一项重要指标，国际上常常用恩格尔系数来衡量一个国家和地区人民生活水平的状况。

吃是人类生存的第一需要，在收入水平较低时，其在消费支出中必然占有重要地位。随着收入的增加，在食物需求基本满足的情况下，消费的重心才会开始向穿、用等其他方面转移。因此，一个国家或家庭生活越贫困，恩格尔系数就越大；反之，生活越富裕，恩格尔系数就越小。

根据联合国粮农组织提出的标准，恩格尔系数在59%以上为贫困，50%～59%为温饱，40%～50%为小康，30%～40%为富裕，低于30%为最富裕。恩格尔系数一般随居民家庭收入和生活水平的提高而下降。简单地说，一个家庭或国家的恩格尔系数越小，就说明这个家庭或国家经济越富裕。反之，

个人消费支出总额

如果这个家庭或国家的恩格尔系数越大，就说明这个家庭或国家的经济越困难。当然数据越精确，对家庭或国家的经济情况的反映也就越精确。

三、中国的恩格尔系数

恩格尔定律是根据经验数据提出的，它是在假定其他一切变量都是常数的前提下才适用的，因此在考察食物支出在收入中所占比例的变动问题时，还应当考虑城市化程度、食品加工、饮食业和食物本身结构变化等因素都会影响家庭的食物支出增加。只有达到相当高的平均食物消费水平时，收入的进一步增加才不对食物支出发生重要的影响。

改革开放以来，我国城镇和农村居民家庭恩格尔系数已由1978年的57.5%和67.7%分别下降到2005年的36.7%和45.5%。2008年，我国城镇居民家庭食品消费支出占家庭消费总支出的比重为37.9%；农村居民家庭为43.7%。

消费者物价指数：通货膨胀的预警器

一、消费者物价指数

消费者物价指数（Consumer Price Index），英文缩写为CPI，是反映与居民生活有关的产品及劳务价格统计出来的物价变动指标，通常作为观察通货膨胀水平的重要指标，即我们吃的、喝的、用的，与人们生活密切相关的消费品价格参考指标。

CPI的计算公式是：CPI=（一组固定商品按当期价格计算的价值/一组固定商品按基期价格计算的价值）×100%

二、CPI的作用

CPI告诉人们的是，对普通家庭的支出来说，购买具有代表性的一组商品，在今天要比过去某一时间多花费多少，例如，若1995年某国普通家庭每个月购买一组商品的费用为800元，而2000年购买这一组商品的费用为1000元，那么该国2000年的消费价格指数为（以1995年为基期）CPI=1000/800×100%=125%，也就是说上涨了25%。

如果消费者物价指数升幅过大，表明通胀已经成为经济不稳定因素，央行会有紧缩货币政策和财政政策的风险，从而造成经济前景不明朗。因此，该指数过高的升幅往往不被市场欢迎。例如，在过去6个月，消费者物价指数上升2.3%，那表示，生活成本比6个月前平均上升2.3%。当生活成本提高，你的金钱价值便随之下降。

三、如何理解CPI指数

CPI是一个滞后性的数据，但它往往是市场经济活动与政府货币政策的一个重要参考指标。CPI稳定、就业充分及GDP增长往往是最重要的社会经济目标。不过，从中国的现实情况来看，CPI的稳定及其重要性并不像发达国家所认为的那样有一定的权威性，市场的经济活动会根据CPI的变化来调整。

但是真实的日常生活费用情况CPI是反映不出来的，我国CPI当中包含八大类商品：第一类是食品，第二类是烟酒及其用品，第三类是衣着，第四类是家庭设备用品和维修服务，第五类是医疗保健和个人用品，第六类是交通和通信，第七类是娱乐、教育、文化用品和服务，第八类是居住。与居民消费相关的所有类别都包括在这八大类中。

在CPI价格体系中，食品类权重占到32.74%。在2008年，CPI增长幅度持高不下，这么高的增长幅度由什么原因导致？很大程度上还是由于我们日常生活必需品的费用增加了，这是导致CPI上升的主要原因之一。

零售指数：家电下乡为什么可以拉动经济

一、零售指数

2009年春节期间，中央电视台经济频道联合国家统计局、中国邮政集团公司，在全国范围内开展了"CCTV2008经济生活大调查"。农村被访者的消费选择依次为：电脑、汽车、冰箱、摩托车、彩电、旅游、手机、空调、洗衣机。由此可见，农村居民对家电的需求十分旺盛。初步测算，全面实施"家电下乡"，预计到2010年可以基本消化彩电、冰箱、洗衣机、空调、手机的中低端家电产品过剩产能，转移20%以上的出口能力，每年可降低顺差100亿美元以上，每年新增消费近1000亿元。

2009年中国农村居民的人均纯收入为4761元，而这样的收入水平似乎暗示着释放消费需求的可能，这相当于20世纪90年代后期城镇居民的收入水平，那时正是家电迅速普及的阶段。在出口受阻、经济低迷的形势下，拥有8亿多人口的农村市场，显得吸引力空前。2009年2月1日起，家电下乡活动开始在全国推广。"这是继国家对农民实行粮食直补、农资综合直补后，首次对农民在消费领域进行的直补。"商务部综合司司长刘海泉表示。

消费是衡量居民生活水平的一个重要指标，同时也是推动国民经济发展的重要力量。这里涉及经济学的一个统计指标，即零售指数。

零售指数是一个包括现金购买和信用赊购的指标，它反映社会消费状况及总体经济活动。较高的零售指数表明社会消费充分，经济发展潜力大，利率趋升，美元汇率趋升。零售指数经常受到就业成长、出口增加、外部环境变化以及大众对利率感到满意等因素的刺激。例如，2003年的"非典"就对我国的旅游业、服务业等第三产业的零售业带来很大的冲击。我们可以通过媒体公布的零售指数情况来了解社会的总体消费情况。一般而言，节假日是各个商家的好日子，大商场、超市络绎不绝的消费人流就是零售指数攀升的最好见证。看看2002年上海市零售指数的分布情况，我们就可以感受到零售指数的升降确实和我们的生活与消费是息息相关的。

从2002年1月13日到19日，随着春节的日益临近，消费品市场的生意日渐红火，市民们为了置办年货而流连忘返在各大商场、超市。13日至19日的消费品零售指数节节攀高，周六、周日的指数高高地越过了200点，周日的指数更

是成为2001年11月以来的第二高点（元旦最高）。周平均消费品零售指数比上周上升了7.86％，加上双休日的晴好天气，该周双休日的零售指数比上周的双休日指数高出7.32％。

另外，零售指数还可以反映居民消费习惯的变化。一般来说，某类商品零售指数一路攀升说明该商品较火，相反，如果零售指数下降则表明该产品不够紧俏。通过消费者对产品的喜好我们就可以判断出消费者的消费习惯的变化。

二、零售指数主要有以下几个特点

1.受消费时间的影响很大

零售指数受节假日影响很大，一般来说节日前后或节日期间是消费者与商家的黄金时间。例如，"五一""十一"的黄金周市场是在节日期间，而春节市场受采办年货等传统消费习惯影响，市场的高潮出现在节日之前，而不是节日期间。

2.节日消费平稳

一般在节日期间，零售业指数都会保持在相对高位运行。例如，在"五一""十一"期间，指数高点均出现在第一天，此后逐日下降；春节市场第一天并不热闹，从大年初二开始渐入高潮，并且会在其高峰延续较长时期。

3.传统消费活跃，超市、大卖场指数遥遥领先

从零售指数的分布情况来看，我们会发现超市、大卖场的收获往往大大超过其他业态。这主要是因为各大超市纷纷推出名目繁多、价格低廉的促销活动，吸引了大量采购年货的传统消费群体。

道琼斯指数：美国股票市场的晴雨表

一、道琼斯指数

道琼斯指数是世界上历史最为悠久的股票指数，它的全称为股票价格平均指数。通常人们所说的道琼斯指数有可能是指道琼斯指数四组中的第一组道琼斯工业平均指数。

道琼斯指数最早是在1884年由道琼斯公司的创始人开始编制的。其最初的道琼斯股票价格平均指数是根据11种具有代表性的铁路公司的股票，采用算

术平均法进行计算编制而成，发表在《每日通讯》上。

道琼斯股票价格平均指数最初的计算方法是用简单算术平均法求得，当遇到股票的除权除息时，股票指数将发生不连续的现象。1928年后，道琼斯股票价格平均指数就改用新的计算方法，即在计点的股票除权或除息时采用连接技术，以保证股票指数的连续，从而使股票指数得到了完善，并逐渐推广到全世界。

它以在纽约证券交易所挂牌上市的一部分有代表性的公司股票作为编制对象，由四种股价平均指数构成，分别是：

（1）以30家著名的工业公司股票为编制对象的道琼斯工业股价平均指数。

（2）以20家著名的交通运输业公司股票为编制对象的道琼斯运输业股价平均指数。

（3）以6家著名的公用事业公司股票为编制对象的道琼斯公用事业股价平均指数。

（4）以上述三种股价平均指数所涉及的56家公司股票为编制对象的道琼斯股价综合平均指数。

在四种道琼斯股价指数中，以道琼斯工业股价平均指数最为著名，它被大众传媒广泛地报道，并作为道琼斯指数的代表加以引用。

目前，道琼斯股票价格平均指数共分四组：

第一组是工业股票价格平均指数。它由30种有代表性的大工商业公司的股票组成，且随经济发展而变大，大致可以反映美国整个工商业股票的价格水平，这也就是人们通常所引用的道琼斯工业平均指数。道琼斯工业平均指数目前由《华尔街日报》编辑部提供，其成分股的选择标准包括成分股公司持续发展、规模较大、声誉卓著、具有行业代表性，并且为大多数投资者所追捧。

目前，道琼斯工业平均指数中的30种成分股是美国蓝筹股的代表。这个神秘的指数的细微变化，带给亿万人惊恐或狂喜，它已经不是一个普通的财务指标，而是世界金融文化的代号。

第二组是运输业股票价格平均指数。它包括20种有代表性的运输业公司的股票，即8家铁路运输公司、8家航空公司和4家公路货运公司。

第三组是公用事业股票价格平均指数，是由代表着美国公用事业的15家煤气公司和电力公司的股票所组成。

第四组是平均价格综合指数。它是综合前三组股票价格平均指数65种股票而得出的综合指数，这组综合指数为优等股票提供了直接的股票市场状况。

该指数目的在于反映美国股票市场的总体走势，涵盖金融、科技、娱乐、零售等多个行业。

二、作为经济晴雨表的原因

道琼斯指数作为最有权威性的一种股票价格指数，被称为经济的晴雨表，有以下三方面原因：

一是道琼斯股票价格平均指数所选用的股票都是有代表性的，这些股票的发行公司都是本行业具有重要影响的著名公司，其股票行情为世界股票市场所瞩目，各国投资者都极为重视。为了保持这一特点，道琼斯公司对其编制的股票价格平均指数所选用的股票经常予以调整，用具有活力的更有代表性的公司股票替代那些失去代表性的公司股票。自1928年以来，仅用于计算道琼斯工业股票价格平均指数的30种工商业公司股票，已有30次更换，几乎每两年就要有一个新公司的股票代替老公司的股票。

二是公布道琼斯股票价格平均指数的新闻载体《华尔街日报》是世界金融界最有影响力的报纸。该报每天详尽报道其每个小时计算的采样股票平均指数、百分比变动率、每种采样股票的成交数额等，并注意对股票分股后的股票价格平均指数进行校正。在纽约证券交易营业时间里，每隔半小时公布一次道琼斯股票价格平均指数。

三是这一股票价格平均指数自编制以来从未间断，可以用来比较不同时期的股票行情和经济发展情况，成为反映美国股市行情变化最敏感的股票价格平均指数之一，是观察市场动态和从事股票投资的主要参考。

PART 04
通货膨胀与通货紧缩：钱的扩张与萎缩

货币和通货膨胀：钱多了注定了不值钱

一、通货膨胀

在第一次世界大战后的德国，有一个小偷去别人家里偷东西，看见一个筐里边装满了钱，他把钱倒了出来，把筐拿走了。

在1923年的德国街头上，一些儿童用大捆大捆的纸币马克玩堆积木的游戏；一位正在煮饭的家庭妇女，她烧的不是煤，而是本应该用来买煤的纸币……你肯定感到难以置信。但事实确实如此——当时的德国，正在经历人类历史上最疯狂的通货膨胀，货币贬值到了今天看来几乎无法相信的程度：年初1马克还能换2.38美元，到了夏天1美元能换4万亿马克！一份报纸从0.3马克涨到7000万马克！

当时的德国人民经受了可怕的梦魇。工人和教师一领到工资就要以百米冲刺的速度冲到商店购买面包和饼干，跑得慢一点，面包和饼干的价格就会上涨一大截。因为物价上涨的速度实在是太疯狂了！老人们积攒了一辈子的积蓄顷刻间化为乌有，工人罢工，农民罢产。在这样巨大的经济危机之中，德国人民遭受了极大的苦难。没有工作、没有粮食，走投无路。德国人民对政府极为不满，德国各地，斗争、骚乱不断发生，德国处于严重的动荡之中。

这就是传说中的通货膨胀。在宏观经济学中，因货币供给大于货币实际需求，而引起的一段时间内物价持续而普遍的上涨现象，通俗地说就是流动中的钱多了，钱多了就不值钱，物价上涨了，货币的购买力下降了。

二、货币流通与通货膨胀

通货膨胀只有在纸币流通的条件下才会出现，在金银货币流通的条件下不会出现此种现象。因为金银货币本身具有价值，作为贮藏手段的职能，可以自发地调节流通中的货币量，使它同商品流通所需要的货币量相适应。而在纸币流通的条件下，因为纸币本身不具有价值，它只是代表金银货币的符号，不能作为贮藏手段，因此，纸币的发行量如果超过了商品流通所需要的数量，就会贬值。

可以说，通货膨胀和货币是紧紧联系在一起的。诺贝尔经济学奖得主米尔顿·弗里德曼曾有一个著名的论断："无论何时何地，通货膨胀无一例外都是货币现象。"

事实上，从历史经验我们可以看出，货币供给增长率与通货膨胀之间存在着正相关关系：高通货膨胀率的国家往往有很高的货币增长率。例如，白俄罗斯、巴西、罗马尼亚等国在1992年到2002年都出现了较严重的通货膨胀，而它们的货币增长率同样很高。反之，英国和美国同期的通货膨胀率和货币增长率都较低。

恶性通货膨胀：谁来为消失的财富埋单

一、恶性通货膨胀

对低阶层者而言，通货膨胀通常会提高由经济活动之前的贴现所产生的负面影响。通货膨胀通常导因于政府提高货币供给政策。政府对通货膨胀的所能进行的影响是对停滞的资金课税。通货膨胀升高时，政府提高对停滞的资金的税负以刺激消费与借支，于是提高了资金的流动速度，又增强了通货膨胀，形成恶性循环。在极端的情形下会形成恶性通货膨胀。

在经济学上，恶性通货膨胀是一种不能控制的通货膨胀，在物价很快地上涨的情况下，就使货币失去价值。恶性通货膨胀没有一个普遍公认的标准界定。一般界定为每月通货膨胀50%或更多，但很多时候在宽松上使用的比率会更低。多数的经济学家认为的定义为"一个没有任何平衡趋势的通货膨胀循环"。当越来越多的通膨现象随着周期反复发生会产生恶性循环。有关恶性通膨的肇因虽有很多争议，可是当货币供给有异常的增加或钱币大幅地贬值，且常与战争（或战后）、经济萧条及政治或社会动荡联系在一起时，恶性通膨便日益明显。

1945年8月到1948年8月，南京国民政府法币的发行量从5000亿激增至660万亿元，增长1320倍。1948年8月，又停止法币，发行"金圆券"，原有的法币按照1：300万收兑，这就是说，300万法币只能换1元金圆券。并且声称，金圆券发行以20亿为限。事实上，从1948年8月发行金圆券以来的不到一年里，其发行额超过了原来限额的几万倍。当时曾出现了类似"天方夜谭"的一幕：印钞厂昼夜不停地赶印纸币，仍然供不应求，情急之下只好赶到美国、英国大量印刷。据报道，到1949年5月，国民党政府的货币发行额比1937年6月增加了1445亿倍，而全国物价上涨85000亿倍。有人根据国民政府的物价统计，对100元"法币"购买力做过这样一个对比计算：1937年可买两头黄牛。1938年可买一头黄牛。1939年可买一头猪。1941年可买一袋面粉。1943年可买一只鸡。1945年可买两个鸡蛋。1946年可买1/6香皂。1947年可买一粒煤球。1948年可买0.002416两大米。1949年可买1粒米的千万分之2.45。

那么，那些价值哪里去了呢？被掠夺走了。被谁掠夺走了呢？被控制银行的四大家族蒋介石、陈果夫、宋子文、孔祥熙掠夺走了。这四大家族在1927年并不富有，但在此后特别是在40年代进行反革命内战过程中，他们就掠夺高达200亿美元的民脂民膏（那时的200亿美元约相当于现在的4000亿美元）。到新中国成立前夕，四大家族的官僚资本占旧中国资本主义经济的80%，全部官僚资本约占全国工业资本的2/3左右，占全国工矿、交通运输业固定资产的80%。除了增加赋税、大量举债、收受贿赂等方法外，利用银行滥发纸币，制造通货膨胀是一个重要的掠夺方法。正如列宁所说："滥发纸币就是鼓励投机，让资本家靠投机而大发横财。"

二、谁为消失的财富埋单

1.在债务人与债权人之间，通货膨胀将有利于债务人而不利于债权人

在通常情况下，借贷的债务契约都是根据签约时的通货膨胀率来确定名义利息率，所以当发生了未预期的通货膨胀之后，债务契约无法更改，从而就使实际利息率下降，债务人受益，而债权人受损。其结果是对贷款，特别是长期贷款带来不利的影响，使债权人不愿意发放贷款。贷款的减少会影响投资，最后使投资减少。

2.在雇主与工人之间，通货膨胀将有利于雇主而不利于工人

这是因为，在不可预期的通货膨胀之下，工资增长率不能迅速地根据通货膨胀率来调整，从而即使在名义工资不变或略有增长的情况下，使实际工资下降。实际工资下降会使利润增加，利润的增加有利于刺激投资，这正是一些经济学家主张以温和的通货膨胀来刺激经济发展的理由。

3.在政府与公众之间，通货膨胀将有利于政府而不利于公众

由于在不可预期的通货膨胀之下，名义工资总会有所增加（尽管并不一定能保持原有的实际工资水平），随着名义工资的提高，达到纳税起征点的人增加了，有许多人进入了更高的纳税等级，这样就使得政府的税收增加。但公众纳税数额增加，实际收入却减少了。政府由这种通货膨胀中所得到的税收称为"通货膨胀税"。一些经济学家认为，这实际上是政府对公众的掠夺。这种通货膨胀税的存在，既不利于储蓄的增加，也影响了私人与企业投资的积极性。

通货紧缩：物价过低并非是一件好事

一、什么是通货紧缩

2008年，钢材价格从6000元每吨的高位迅速回落到3000元，继续下行；某品牌1.5的电缆线前几天是90多元一捆，过了几天就只要70元了；猪肉价年初还是9元一斤，很快也滑到了5元左右。很多人会认为，这不是正代表着抑制通货膨胀的目标得到了实现吗？这是好事啊。其实不然。这就是通货紧缩，整体物价水平下降，是一个与通货膨胀相反的概念。

通货紧缩是指货币供应量少于流通领域对货币的实际需求量而引起的货币升值，从而引起的商品和劳务的货币价格总水平的持续下跌现象。通货紧缩，包括物价水平、货币供应量和经济增长率三者同时持续下降；它是由市场上的货币减少，购买能力下降，影响物价之下跌所造成的；长期的货币紧缩会抑制投资与生产，导致失业率升高与经济衰退。

当市场上流通的货币减少，人民的货币所得减少，购买力上升，影响物价之下跌，造成通货紧缩。依据诺贝尔经济学奖得主保罗·萨缪尔森的定义："价格和成本正在普遍下降即是通货紧缩。"经济学者普遍认为，当消费者物价指数（CPI）连跌两季，即表示已出现为通货紧缩。通货紧缩就是物价、工资、利率、粮食、能源等统统价格不能停顿地持续下跌，而且全部处于供过于求的状况。

二、通货紧缩的害处

通货紧缩对经济增长的影响有短期和长期之分。适度的短期通货紧缩有利于经济的增长。理由为，通货紧缩将促使长期利率下降，有利于企业投资改善设备，提高生产率。在适度通货紧缩状态下，经济扩张的时

通货紧缩

钢材6000元每吨回落到3000元

电缆线90多元一捆降到70元

猪肉价9元一斤滑到5元左右

失业率升高

经济衰退

间可以延长而不会威胁经济的稳定。而且，如果通货紧缩是与技术进步、效益提高相联系的，则物价水平的下降与经济增长是可以相互促进的。

长期的货币紧缩会抑制投资与生产，导致失业率升高及经济衰退。因为物价的持续下降会使生产者利润减少甚至亏损，继而减少生产或停产；同时使债务人受损，继而影响生产和投资；生产投资减少会导致失业增加、居民收入减少，加剧总需求不足。

通货紧缩是比通货膨胀更危险的敌人，通货紧缩通常被认为是经济衰退的先兆，严重的通货紧缩将会造成经济的大萧条，使经济发展倒退几十年，并且在较长时间内难以复苏。难怪日本经济学家把曾经发生在日本的一场通货紧缩称为"可怕的通货紧缩幽灵"。很多经济学家由此得出一个结论："通货紧缩对经济所造成的损害要比通货膨胀大得多。"

货币升值：人民币升值是好事，还是坏事

一、货币升值

据《消费导刊》报道，由于我国实行的是人民币盯住美元汇率制，因此，在近10年里，人民币长期处于升值状态。1996年人民币平均汇率为8.3143，到2003年为8.2770（国家统计局，2004）。从2001年开始连续3年人民币汇率相对稳定在8.2770。自2006年开始，人民币再一次面临升值压力。

人民币升值实际上指的是人民币兑换外币的比率增加。这里我们要先明白汇率的概念。汇率指的是以一种货币表示另一种货币的价格。根据这个道理，倘若人民币对美元的汇率是1∶8，1美元可以换8元的人民币；当汇率上升为1∶7，1美元只能换7元的人民币。这样人民币相对于美元来说，就是升值了。如果这时你拿人民币购买美国的东西，就比以前花的钱少了，因为人民币更"值钱"了。

2008年，福建的蓝老板决定为自己购买一辆进口的新车——一款留意很久的凯迪拉克。在做这笔生意时，蓝老板可谓是打紧了小算盘，他说："我浏览

了不少国外专业网站，美国那边经销商的报价为37140美元，如果按以前的汇率8.3换算，要308262元人民币；但我买时的汇率是7.35，只花了272979元人民币，节省了35000多。"

刚刚拿到新车的蓝老板对新座驾非常满意。他准备等到人民币再次升值后，为家里再添置一辆新车。

利用这个例子，就能弄清人民币升值的含义。同时，我们从中看到，人民币升值极大地提高了国内人民的国际购买能力。对于像蓝老板这样的消费者来说，现在买外国的商品等于是在打七八折，让百姓十分受惠。

同样的，对于进口商来说，他们进购商品也将会比以前更加便利，进口商品和进口原料便宜了，国内的一些加工产品也会变得更低价。于是，人们的购买力增加，从而拉动内需，促进了消费。难道人民币升值带来的都是好处？

2008年的搜狐财经报道：江苏省盛泽镇——原为中国四大丝绸之都之一，拥有数万台国内外领先的生产设备，全镇每年生产各种纺织品60亿米。但因人民币升值，停产了将近几百家企业。纺织协会的有关人员介绍，目前停产的中小企业约占整个中小企业数量的三分之一。令人悲痛的是，吴江的纺织企业也面临着同样的问题。人民币升值，造成当地企业的利润空间被极大地压缩。

按照中国纺织工业协会的统计，仅2007年一年，全国纺织企业蒙受的经济损失就在1500亿元以上，远远超过企业获得的利润，51%的企业陷入亏损边缘，纺织企业的形势堪忧。

人民币升值带来的效果，不能仅仅用利或弊一方面来概括。它们是同时存在的，都不可能被回避。因此，当有人片面地提出人民币升值改善了我们的生活，对我国的经济发展有利时，大家不妨静下来想想，说法是否准确。它对进口商有利，却会损害出口商和劳动力出口群体的利益。一次人民币的升值，将会对出口贸易造成巨大的打击，若再加上金融危机，会造成严重的失业问题。而我国劳动力的低成本优势也被人民币升值所抵消，劳务输出受到极大影响。

二、人民币升值的正面效应

（1）有利于推进汇率制度乃至金融体系的改革。

（2）有利于解决对外贸易的不平衡问题。由于实行单一的盯住美元的汇率制度，使我国产品始终保持着廉价的优势，在一定程度上可缓解国际收支不平衡的矛盾。

（3）有利于降低进口商品价格和以进口原材料为主的出口企业的生产成本。

（4）有利于降低我国公民出境旅游的成本。

（5）有利于促使国内企业努力提高产品的竞争能力。我们的企业长期以低价占领国际市场，让外国进口商渔翁得利。升值后如提价，可能失去市场；不提价，可能增加亏损，因此只能提高生产率和科技含量，降低成本，提高质量，增强竞争力。

（6）有利于减少国外资金对国内的购房需求，减少房地产泡沫。

三、人民币升值的负面效应

（1）将在一定时期内降低企业的赢利空间，使竞争力和在国际市场的份额下降，导致出口减少。

（2）将加剧某些国内领域的竞争。一些出口产品的生产厂家会加入国内市场竞争的行列，使本已竞争激烈的国内市场竞争更加惨烈。

（3）将造成某些领域的生产相对过剩。如食品、服装、文化用品等出口商品有40%～60%转移到国内市场，必然造成产品在一定时期内供过于求。

（4）将加剧就业压力，特别是会导致许多农民工失去工作。

（5）将增加外商在华投资的成本，利用外资可能会呈现逐渐下降局面。

（6）将导致海外游客在大陆旅游的花费增加，可能使他们转往其他国家或地区旅游。

货币贬值：调节进出口的经济手段

一、货币贬值

汕滴戍村位于泰国北部阳光明媚的平原上，10多年前亚洲金融危机爆发后，该村村民便开始自行印制货币了。当时，由于大量热钱涌向国外，泰国货币——泰铢急剧贬值。当地村民无奈之下，便通过自行印制货币以求自保，这种山寨货币上的图案是当地儿童绘制的水牛和寺院。在村子里的集市上，许多村民都用当地货币购买日用品，如新鲜蔬菜、猪肉、水果。而这种货币的流通范围还在不断扩大，甚至连附近的碾米厂也开始收这种钱。

　　其实，这种现象的直接原因是泰国的法定货币泰铢不断贬值，导致当地村民不愿意使用本国货币。那么，什么是货币贬值呢？

　　货币贬值是货币升值的对称，是指单位货币所含有的价值或所代表的价值的下降，即单位货币价格下降。从国内角度看，货币贬值在金属货币制度下是指减少本国货币的法定含金属量，降低其对金属的比价，以降低本国货币价值的措施；货币贬值在现代纸币制度下是指流通中的纸币数量超过所需要的货币需求量即货币膨胀时，纸币价值下降。从国际角度看，货币价值表示为与外国货币的兑换能力，它具体反映在汇率的变动上，这时货币贬值就是指一单位本国货币兑换外国货币能力的降低，本国货币对外汇价的下降。

泰国

汕滴戊村

　　由于货币贬值在一定条件下能刺激生产，并且降低本国商品在国外的价格，有利于扩大出口和减少进口，因此第二次世界大战后，许多国家把它作为反经济危机、刺激经济发展的一种手段。

二、贬值能否刺激经济

　　实际上，当一种货币大幅度贬值是不是真的能达到预期的目标，贬值是否能促进出口的增加和经济的好转？恐怕答案未必是肯定的。有效贬值是基于这样一个假设：两个国家、两种货币，即只有本国与外国、本币与外币，本币贬值即是外币升值。现实情况却是，目前全球有200多个经济体，出于主权的考虑，几乎每个经济体都有自己的货币，因此，一种货币面对的不是一种外币而是多种外币。外国也是一个集合概念，一个国家的外国，同时也是他国的外国，每个国家面对的是一个共同的而不是分割的国际市场，况且出口市场也并不是无限的，而是有限的。进口国还会设置很多进口限制措施。国家之间不仅存在贸易伙伴关系，还存在出口竞争。

　　为简便起见，假设某一商品的国际市场只有a、b两个供应国即出口国，它们为出口竞争关系，其他国家均为需求国即进口国，a、b各占市场50%的市场份额。a国的国际收支出现逆差，为改善其逆差状况，采用货币贬值政策，a国的货币贬值有效，增加了出口，而扩大的份额正是b国丧失的份额。b国不甘心份额的减少，也采取贬值措施争回失去的份额。由此开始产生一轮又一轮恶性贬值竞争，形成"贬值陷阱"。

首先，从单个国家来看，a、b两国的每一轮货币贬值都是有效的，第一轮贬值中，a国货币贬值10%，市场份额由50%增加到75%，出口需求弹性2.5（2.5=25%／10%），b国的贬值同样也是有效的，b国货币贬值10%后市场份额由剩下的25%恢复到50%，弹性也是2.5，第二轮贬值同样具有弹性，且同样有效，如此可以循环往复。

其次，从总体而言，贬值却是无效的。经过两轮甚至多轮贬值，市场份额又回到初始状态，仍然是50%对50%。结论是，这种贬值对改善一国的国际收支无效，它实际上会恶化一国的国际收支，并通过联动效应恶化所有参与恶性贬值竞争国的国际收支。经过两轮贬值后，两种货币的汇率比初始期均贬值19%（19%=100%－90%×90%），而市场份额却保持不变，即出口量保持不变，意味着两个国家的出口收入均下降19%。这种从单独一次来看贬值有效，而从总体来看贬值无效的现象，可称之为贬值陷阱。

贬值陷阱是一个怪圈，因为从每一轮贬值来看，好似效果都很明显，刺激了各国运用货币贬值政策来解决国际收支问题的偏好，而将效果不明显归咎于贬值力度不够，从而更加大幅度贬值。然

而，这种货币贬值的结果却使国际收支状况更加恶化，是无效的，而且连带其他国家共同陷入国际收支失衡泥潭。

在现实的国际贸易中，某个国家的货币贬值还有可能引发周边国家的货币连锁贬值。果真如此的话，这会使发展中国家的贸易条件轮番恶化，不仅无法刺激本国出口，反而将国内资源补贴给了国外消费者。贬值即便可以产生短期效应，但对于长期效应而言，无疑是泼瓢冷水。此外，货币贬值会刺激资金外流，一旦外资形成货币贬值预期，将会大规模流出，从而导致资本市场更加动荡，不利于经济稳定。

PART 05
财政政策：宏观经济调控的左手

财政政策：宏观经济刺激与调控的政策

一、财政政策的含义

财政政策是国家整个经济政策的组成部分。财政政策是指国家根据一定时期政治、经济、社会发展的任务而规定的财政工作的指导原则，通过财政支出与税收政策来调节总需求。

增加政府财政支出，可以刺激总需求，从而增加国民收入，反之则压抑总需求，减少国民收入。

税收对国民收入是一种收缩性力量，因此，增加政府税收，可以抑制总需求从而减少国民收入，反之，则刺激总需求增加国民收入。

二、扩张性、紧缩性和中性财政政策

根据财政政策调节国民经济总量和结构中的不同功能将财政政策划分为扩张性财政政策、紧缩性财政政策和中性财政政策。

（1）扩张性财政政策（又称积极的财政政策），指通过财政分配活动来增加和刺激社会的总需求。

（2）紧缩性财政政策（又称稳健的财政政策），指通过财政分配活动来

减少和抑制总需求。

（3）中性财政政策，指财政的分配活动对社会总需求的影响保持中性。

三、财政政策的手段

（1）国家预算。主要通过预算收支规模及平衡状态的确定、收支结构的安排和调整来实现财政政策目标。

（2）税收。主要通过税种、税率来确定和保证国家财政收入，调节社会经济的分配关系，以满足国家履行政治经济职能的财力需要,促进经济稳定协调发展和社会的公平分配。

（3）财政投资。通过国家预算拨款和引导预算外资金的流向、流量，以实现巩固和壮大社会主义经济基础，调节产业结构的目的。

（4）财政补贴。它是国家根据经济发展规律的客观要求和一定时期的政策需要，通过财政转移的形式直接或间接地对农民、企业、职工和城镇居民实行财政补助，以达到经济稳定协调发展和社会安定的目的。

（5）财政信用。它是国家按照有偿原则，筹集和使用财政资金的一种再分配手段，包括在国内发行公债和专项债券,在国外发行政府债券,向外国政府或国际金融组织借款,以及对预算内资金实行周转有偿使用等形式。

（6）财政立法和执法。国家通过立法形式对财政政策予以法律认定，并对各种违反财政法规的行为（如违反税法的偷税抗税行为等），诉诸司法机关按照法律条文的规定予以审理和制裁，以保证财政政策目标的实现。

（7）财政监察。它是政府实现财政政策目标的重要行政手段。即国家通过财政部门对国有企业事业单位、国家机关团体及其工作人员执行财政政策和财政纪律的情况进行检查和监督。

财政赤字：资不抵债的政府

一、财政赤字的含义

财政赤字是财政支出大于财政收入而形成的差额。了解会计常识的人知道，这种差额在进行会计处理时，需用红字书写，这也正是"赤字"的由

发行公债
增发货币
增加税收
历年结余
财政赤字

来。赤字的出现有两种情况，一是有意安排，被称为"赤字财政"或"赤字预算"，它属于财政政策的一种；另一种情况，即预算并没有设计赤字，但执行到最后却出现了赤字，也就是"财政赤字"或"预算赤字"。

财政赤字即预算赤字，指一国政府在每一财政年度开始之初，在编制预算时在收支安排上就有的赤字。若实际执行结果收入大于支出，为财政盈余。

财政赤字是财政收支未能实现平衡的一种表现，是一种世界性的财政现象。理论上说，财政收支平衡是财政的最佳情况，在现实中就是财政收支相抵或略有节余。但是，在现实中，国家经常需要大量的财富解决大批的问题，会出现入不敷出的局面。这是现在财政赤字不可避免的一个原因。不过，财政赤字具有一定的正面作用，即在一定限度内，可以刺激经济增长。在居民消费不足的情况下，政府通常的做法就是通过财政赤字加大政府投资，以拉动经济的增长，但是这绝不是长久之计。

二、财政赤字的弥补方法

（1）动用历年结余，就是使用以前年度财政收大于支形成的结余来弥补财政赤字。

（2）增加税收，包括开增新税、扩大税基和提高税率。

（3）增发货币，这是弥补财政赤字的一个方法，至今许多发展中国家仍采用这种方法。

（4）发行公债，通过发行公债来弥补财政赤字是世界各国通行的做法。

减税：刺激经济增长的特殊方法

一、税率

税率是指税额与课税对象之间的数量关系或比例关系，是指课税的尺度。税率一般包括如下几种：

（1）比例税率。实行比例税率，对同一征税对象不论数额大小，都按同一比例征税。比例税率在具体运用上可分为以下几种：行业比例税率；产品比例税率（即对不同产品规定不同税率，同一产品采用同一税率）；地区差别比例税率；幅度比例税率。

促进经济 发展！

（2）定额税率。定额税率是税率的一种特殊形式。它不是按照课税对象规定征收比例，而是按照征税对象的计量单位规定固定税额，所以又称为固定税额。固定税额可分为地区差别税额、幅度税额、分类分级税额。

（3）累进税率。累进税率指按征税对象数额的大小，划分若干等级，每个等级由低到高规定相应的税率，征税对象数额越大，税率越高，数额越小，税率越低。累进税率又分为全额累进税率、全率累进税率、超额累进税率和超率累进税率。

二、减、免税

减、免税的目的是为了减轻生产者和消费者的负担，刺激生产者投资，刺激消费者消费，以促进经济的发展。

1.减税

（1）减税的含义。

减税又称税收减征，是按照税收法律、法规减除纳税义务人一部分应纳税款。它是对某些纳税人、征税对象进行扶持、鼓励或照顾，以减轻其税收负担的一种特殊规定。减税是税收的严肃性与灵活性结合制定的政策措施，是普遍采取的税收优惠方式。由于减税与免税在税法中经常结合使用，人们习惯上统称为减免税。减税一般分为法定减税、特定减税和临时减税。

（2）减税的具体办法。

税额比例减征法。税额比例减征法即对按照税收法律、法规的规定计算出来的应纳税额减征一定比例，以减少纳税人应纳税额的一种方法。税率比例减征法。税率比例减征法即按照税法规定的法定税率或法定税额标准减征一定比例，计算出减征税额的一种方法。

降低税率法。降低税率法即采用降低法定税率或税额标准的方法来减少纳税人的应纳税额。优惠税率法。优惠税率法是在税法规定某一税种的基本税率的基础上，对某些纳税人或征税对象再规定一个或若干个低于基本税率的税率，以此来减轻纳税人税收负担的一种减税方法。

2.免税

（1）免税的含义。

免税，是指按照税法规定免除全部应纳税款，是对某些纳税人或征税对象给予鼓励、扶持或照顾的特殊规定，是世界各国及各个税种普遍采用的一种税收优惠方式。

（2）免税的种类。

法定免税。这类免税主要是从国家（或地区）国民经济宏观发展及产业规划的大局出发，对一些需要鼓励发展的项目或关系社会稳定的行业领域，给予的税收扶持或照顾，具有长期的适用性和较强的政策性。

特定免税。特定免税是根据政治、经济情况发生变化和贯彻税收政策的需要，对个别、特殊的情况专案规定的免税条款。

临时免税。临时免税是对个别纳税人因遭受特殊困难而无力履行纳税义务，或因特殊原因要求减除纳税义务的，对其应履行的纳税义务给予豁免的特殊规定。

财政补贴：财政安排的专项援助

一、财政补贴

2009年，国家为了拉动经济增长，增加消费，对汽车、彩电、摩托车等多个产品实行了财政补贴政策。财政补贴是一种转移性支出。从政府角度看，支付是无偿的；从领取补贴者角度看，意味着实际收入的增加，经济状况较之前有所改善。财政补贴总是与相对价格的变动联系在一起，它具有改变资源配置结构、供给结构、需求结构的作用。我们可以把财政补贴定义为一种影响相对价格结构，从而可以改变资源配置结构、供给结构和需求结构的政府无偿支出。

财政补贴是指用国家财政资金直接资助企业或居民的国民收入再分配形式。国家为了实现特定的政治经济目标，由财政安排专项基金向国有企业或劳动者个人提供的一种资助。中国现行的财政补贴主要包括价格补贴、企业亏损补贴等。补贴的对象是国有企业和居民等。补贴的范围涉及工业、农业、商业、交通运输业、建筑业、外贸等国民经济各部门和生产、流通、消费各环节及居民生活各方面。

从补贴的主体划分，财政补贴分为中央财政补贴和地方财政补贴。中央财政补贴列入中央财政预算。中央财政负责对中央所属国有企业由于政策原因发生的亏损予以补贴，同时对一部分主要农副产品和工业品的销售价格低于购价或成本价的部分予以补贴。地方财政补贴列入地方财政预算。地方财政负责对地方所属的国有企业由于政策原因而发生的亏损予以补贴，也对一部分农副产品销售价格低于购价的部分予以补贴。

二、财政补贴的作用

财政补贴是在特定的条件下，为了发展社会主义经济和保障劳动者的福利而采取的一项财政措施。它具有双重作用：一方面，财政补贴是国家调节国民经济和社会生活的重要杠杆。运用财政补贴特别是价格补贴，能够保持市场销售价格的基本稳定，保证城乡居民的基本生活水平，有利于合理分配国民收入，有利于合理利用和开发资源。另一方面，补贴范围过广，项目过多也会扭曲比价关系，削弱价格作为经济杠杆的作用，妨碍正确核算成本和效益，掩盖企业的经营性亏损，不利于促使企业改善经营管理；如果补贴数额过大，超越国家财力所能，就会成为国家财政的沉重负担，影响经济建设规模，阻滞经济发展速度。

政府预算：政府的预算报告

一、财政预算的含义和来历

政府预算是按法定程序编制、审查和批准的国家年度财政收支计划，它是国家为实现其职能而有计划地筹集和分配财政资金的主要工具，是国家的基本财政计划。国家预算由中央预算和地方预算组成，中央预算占主导地位。财政预算制度最早出现于英国，在14至15世纪，新兴资产阶级的力量逐步壮大，他们充分利用议会同封建统治者争夺财政支配权。他们要求政府的各项收支必须事先做计划，经议会审查通过后才能执行，财政资金的使用要受议会监督，以此限制封建君主的财政权。

二、财政预算的功能

（1）反映政府部门活动或工作状况。财政预算反映了政府部门计划开支项目和资金的拟用情况。

（2）监督政府部门收支运作情况。量入为出的财政原则，财政预算要求收支保持平衡。

（3）控制政府部门支出。通过预算，可以规范政府行为，避免无计划性、盲目性等投入。

三、财政预算的原则

（1）年度原则。指政府必须按照法定的预算年度编制国家预算，这一预算要反映全年的财政收支活动，同时不允许将不属于本年度财政收支的内容列入本年度的国家预算之中。任何一个政府预算的编制和实现，都要有时间上的界定。

预算年度是指预算收支起讫的有效期限，通常为一年。目前世界各国普遍采用的预算年度有两种：一是历年制预算年度，即从每年1月1日起至同年12月31日止，我国实行历年制预算年度；二是跨年制预算年度，即从每年某月某日开始至次年某月某日止，中间历经12个月，但却跨越了两个年度，如美国的预算年度是从每年的10月1日开始，到次年的9月30日止。

（2）公开原则。政府预算反映政府活动的范围、方向和政策，与全体公民的切身利益息息相关，因此政府预算及其执行情况必须采取一定的形式公诸于人民，让人民了解财政收支状况，并置于人民的监督之下。

（3）可靠原则。每一收支项目的数字指标必须运用科学的方法，依据充分确实的资料，并总结出规律性，进行计算，不能任意编造。

（4）法律原则。政府预算与一般财政经济计划不同，它必须经过规定的合法程序，并最终成为一项法律性文件。政府预算的法律性是指政府预算的成立和执行结果都要经过立法机关审查批准。政府预算按照一定的立法程序审批之后就形成反映国家集中性财政资金来源、规模、去向用途的法律性规范。

（5）统一原则。尽管各级政府都设有该级财政部门，也有相应的预算，但这些预算都是政府预算的组成部分，所有的地方政府预算连同中央政府预算一起共同组成统一的政府预算。这就要求统一的预算科目，每个科目都要严格按统一的口径、程序计算和填列。

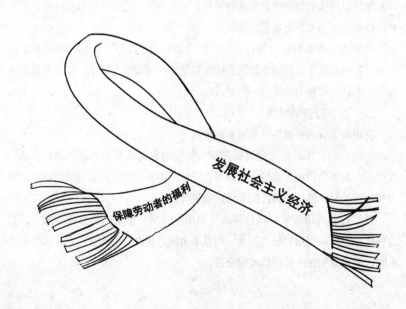

PART 06
货币政策：宏观经济调控的右手

货币政策：钱的增多与减少

一、货币政策的含义

货币政策指国家通过银行金融系统，组织和调节全国货币的供应，确立和实施货币供应量与货币需要量的相互关系的准则，是实现宏观经济目标所采取的控制、调节和稳定货币措施的总和。

货币政策由中央银行执行，它影响货币供给。通过中央银行调节货币供应量，影响利息率及经济中的信贷供应程度来间接影响总需求，以达到总需求与总供给趋于理想的均衡的一系列措施。

二、货币政策的种类

货币政策分为扩张性的和紧缩性的两种。

扩张性的货币政策是通过提高货币供应增长速度来刺激总需求，在这种政策下，取得信贷更为容易，利息率会降低。因此，当总需求与经济的生产能力相比很低时，使用扩张性的货币政策最合适。

紧缩性的货币政策是通过削减货币供应的增长率来降低总需求水平，在这种政策下，取得信贷较为困难，利息率也随之提高。因此，在通货膨胀较严重时，采用紧缩性的货币政策较合适。

三、货币政策工具

货币政策工具是中央银行为达到货币政策目标而采取的手段。主要手段有公开市场业务、存款准备金政策、中央银行贷款、利率政策、汇率政策。

货币传导机制：货币政策是如何发挥作用的

一、货币传导机制

了解了货币政策，接下来的问题是：货币政策是如何发挥作用的？由此我们要了解货币政策传导机制的概念。

著名的经济学家维克塞尔是瑞典学派的创始人，他在20世纪初期提出的货币经济理论，又称累积过程理论，首次将货币与实际经济结合起来，对经济学的发展产生了巨大的影响。

首先，维克塞尔把利率分为两种：一是货币利率，即现实金融市场上存在的市场利率；一是自然利率，即"借贷资本的需求与储蓄的供给恰恰相一致时的利率，从而大致相当于新形成的资本之预期收益率的利率"。维克塞尔认为，若两种利率相一致时，整个经济的投资等于储蓄，则货币是中立的，不对经济形成影响。因为两种利率相等时恰是货币的理想均衡状态，这种货币的均衡状态保证了经济状态的均衡。但是在现实生活中，这两种利率经常是背离的，这种背离或者是由于货币利率的变动而自然利率不变，或者是由于自然利率变动而货币利率没有

维克塞尔

货币　货币
货币　货币

实际经济

随之变动。

他本人认为，后一种情况偏多。生产技术的改善，实物资本需求的增加，都将使自然利率上升，而货币利率则停留不动，未能跟随上升，这样就造成了两者之间的背离。如果市场利率小于自然利率，就会引起投资增加，投资增加使原材料、土地、劳动力价格上涨，从而使原材料生产者、土地所有者和就业者的货币收入增大。因为市场利率较低，这部分收入就转向消费而不储蓄，其结果是对消费品的需求增加，从而使消费品的价格上涨。消费品价格上涨后，资本品的价格也随之上涨，这样，就形成了"低市场利率→投资增加→货币收入增加→消费品价格上涨→资本品价格上涨→投资增加→市场利率提高"的循环。这种循环要一直持续到市场利率与自然利率相等时为止。反之，若是市场利率高于自然利率，就会导致市场利率和自然利率的变动，直到最后到达两种利率相等的位置。这就是著名的维克塞尔的累积过程理论。

这就是最早的货币政策传导机制理论。货币政策传导机制是中央银行运用货币政策工具影响中介指标，进而最终实现既定政策目标的传导途径与作用机理。

二、传导途径

货币政策传导途径一般有三个基本环节，其顺序是：第一，从中央银行到商业银行等金融机构和金融市场。中央银行的货币政策工具操作，首先影响的是商业银行等金融机构的准备金、融资成本、信用能力和行为，以及金融市场上货币供给与需求的状况。第二，从商业银行等金融机构和金融市场到企业、居民等非金融部门的各类经济行为主体。商业银行等金融机构根据中央银行的政策操作调整自己的行为，从而对各类经济行为主体的消费、储蓄、投资等经济活动产生影响。第三，从非金融部门经济行为主体到社会各经济变量，包括总支出量、总产出量、物价、就业等。

另外，金融市场也在整个货币的传导过程中发挥着极其重要的作用。首先，中央银行主要通过市场实施货币政策工具，商业银行等金融机构通过市场了解中央银行货币政策的调控意向；其次，企业、居民等非金融部门经济行为主体通过市场利率的变化，接受金融机构对资金供应的调节进而影响投资与消费行为；最后，社会各经济变量的变化通过市场反馈信息，影响中央银行、各金融机构的行为。

在维克赛尔的累积过程理论的基础上，凯恩斯学派总结出的货币政策传导机制是：通过货币供给的增减影响利率，利率的变化则通过资本边际效益影响投资，投资的增减影响总支出和总收入，这一传导机制的主要环节是利率。

与凯恩斯学派不同，货币学派则认为利率在货币传导机制中不起重要作用，他们认为货币供给量的变化直接影响支出，然后由支出影响投资，最终作用于总收入。货币主义者认为在短期内，货币供给量的变化会带来产出的改变，但在长期只会影响物价水平。

利率政策：经济调控的又一杠杆

一、利率的经济杠杆

利率政策是货币政策的重要组成部分，也是货币政策实施的主要手段之一。央行根据货币政策实施的需要，适时地运用利率工具，对利率水平和利率结构进行调整，进而影响社会资金供求状况，实现货币政策的既定目标。

利率上调有助于吸收存款，抑制流动性，抑制投资热度，控制通货膨胀，稳定物价水平；利率下调有助于刺激贷款需求，刺激投资，拉动经济增长。利率这个经济杠杆使用起来要考虑它的利弊，在什么时间、用什么幅度调整都是有规律的。

利率是经济学中一个重要的变量。当前，世界各国频繁运用利率杠杆实施宏观调控，利率政策已成为各国中央银行调控货币供求，进而调控经济的主要手段，利率政策在中央银行货币政策中的地位越来越重要。合理的利率，对发挥社会信用和利率的经济杠杆作用有着重要的意义。

二、费雪效应：预期通货膨胀率和利率

假如银行储蓄利率有5%，某人的存款在一年后就多了5%，是说明他富了吗？这只是理想情况下的假设。如果当年通货膨胀率3%，那他只富了2%的部分；如果是6%，那他一年前100元能买到的东西现在要106了，而存了一年的钱只有105元了，他反而买不起这东西了！

这可以说就是费雪效应的通俗解释。费雪效应是由著名的经济学家欧文·费雪第一个揭示了通货膨胀率预期与利率之间关系的一个发现，它指出当

通货膨胀率预期上升时，利率也将上升。

实际利率=名义利率-通货膨胀率

把等号的左右两边交换一下，就变成：

名义利率=实际利率＋通货膨胀率。

三、不同国家的利率标准不同

中国央行领导人曾用"橘子是不能跟苹果相比"的形象比喻来说明各个国家利率手段的内涵和定价机制不同。受金融危机的影响，2009年西方很多国家和过去十年中的日本一样，开始实行零利率政策。西方各国对于中国实行零利率政策的呼声很高。这是为什么呢？

因为利率对本国汇率和对他国汇率都有重要的影响。利率是货币供求关系的产物，增加货币投放量，市场上货币增多，供大于求，导致利率下降；反之减少货币投放量，市场上流通的货币减少，供不应求，利率提高。以中国和美国为例，如果中国增加货币投放量，利率降低，而假设美国利率不变，在外汇市场上导致人民币对美元贬值；反之如果美国降息，而中国利率不变，将导致美元对人民币贬值。因此，一国的利率政策不仅会影响到本国人民的利益和经济发展，还会通过汇率作用于他国的经济。

金融管制：预防金融风险的管制

一、金融管制

从20世纪70年代起，金融自由化和放松金融管制的浪潮一浪高过一浪，各国都在寻求一种减少政府干预的经济运行机制。管制或许可以减少，在有的行业和领域也可能会消失。但是，只要有政府的存在，就无法消除政府干预。政府是影响企业和市场的重要宏观环境变量，管制是政府发挥经济职能的重要形式，伴随政府的存在而存在。金融管制有其存在的客观原因。

金融市场中较强的信息不对称现象是金融管制存在的首要原因。如果交易者占有不对称的信息，市场机制就不能达到有效的资源配置。金融市场中信息不对称主要体现在金融机构与金融产品需求者之间的风险识别和规避上。金融管制可以较有效地解决金融经营中的信息不对称问题，避免金融运行的较大波动。

　　事实表明，金融市场难以实现完全自由竞争。作为金融创新主体的金融机构总是从自身微观的利益出发考虑问题，这就决定了其在决策时不可能充分考虑到宏观利益所在，甚至为追求自身利润的最大化实施一些规避管制的违规冒险行为，同时为了防止加大经营成本，忽视对操作程序的规范和监控，从而影响到其对风险的防范与控制能力。

　　金融管制是政府管制的一种形式，是伴随着银行危机的局部和整体爆发而产生的一种以保证金融体系的稳定、安全及确保投资人利益的制度安排，是在金融市场失灵（如脆弱性、外部性、不对称信息及垄断等）的情况下由政府或社会提供的纠正市场失灵的金融管理制度。从这一层面上来看，金融管制至少具有帕累托改进性质，它可以提高金融效率，增进社会福利。但是，金融监管是否能够达到帕累托效率还取决于监管当局的信息能力和监管水平。如果信息是完全和对称的，并且监管能完全纠正金融体系的外部性而自身又没有造成社会福利的损失，就实现了帕累托效率。关于完全信息和对称信息的假设，在现实经济社会中是不能成立的，正是这一原因形成了引发金融危机的重要因素——金融机构普遍的道德风险行为，造成金融监管的低效率和社会福利的损失。因此，金融管制也成为许多国家政府经济工作的重点。

二、金融管制的途径

　　我国的金融管制主要从五方面入手：

　　一是正确处理内需和外需的关系，进一步扩大国内需求，适当降低经济增长对外需、投资的依赖，加强财政、货币、贸易、产业、投资的宏观政策的相互协调配合，扩大消费内需，降低储蓄率，增加进口，开放市场来推动经济结构调整，促进国际收支趋于平衡。

　　二是改善货币政策传导机制和环境，增强货币政策的有效性，促进金融市场的发育和完善，催化金融企业和国有企业改革，进一步转换政府经营管理，完善间接调控机制，维护和促进金融体系稳健运行。

　　三是积极稳妥地推进利率市场化改革，建立健全由市场供求决定的、央行通过运用货币政策工具调控的利率形成机制，有效利用和顺应市场预期，增强货币政策透明度和可信度。

四是加强货币政策与其他经济政策间的协调配合，加强货币政策与金融监管的协调配合，根据各自分工，着眼于金融市场体系建设的长期发展，努力促进金融业全面协调可持续发展，加强货币政策与产业政策的协调，以国民经济发展规划为指导，引导金融机构认真贯彻落实国家产业政策的要求，进一步优化信贷结构，改进金融服务。

五是进一步提高金融资金主动、大力拓展债券市场，鼓励债券产品创新，推动机构投资者的发展，加大对交易主体和中介组织的培育，加快债券市场基础制度建设，进一步推进金融市场协调发展。

金融管制是宏观调控的重要组成部分。它与战略引导、财税调控一起构成宏观调控的主要手段，互相联系，互相配合，它们共同的目标是促进经济增长，增加就业，稳定物价，保持国际收支平衡。

银行准备金率：银行放出贷款的多少对经济的影响

一、存款准备金

金融机构为保证客户提取存款和资金清算需要而准备的在中央银行的存款，中央银行要求的存款准备金占其存款总额的比例就是存款准备金率。准备金本来是为了保证支付的，但它却带来了一个意想不到的"副产品"，就是赋予了商业银行创造货币的职能，可以影响金融机构的信贷扩张能力，从而间接调控货币供应量。现已成为中央银行货币政策的重要工具，是传统的三大货币政策工具之一。

确切地说，存款准备金就是中央银行根据法律的规定，要求各商业银行按一定的比例将吸收的存款存入在人民银行开设的准备金账户，对商业银行利用存款发放贷款的行为进行控制。商业银行缴存准备金的比例，就是准备金率。准备金，又分法定存款准备金和超额准备金。前者是按照法定存款准备金率来提取的准备金。后者是超过法定准备以外提取的准备金。

中央银行可以通过公开市场操作、调整再贴现率和存款准备金比率来控制自身的资产规模，从而直接决定基础货币的多少，进而影响货币供给。中央银行通过调整法定存款准备金率以增加或减少商业银行的超额准备金，来扩张或收缩信用，实现货币政策所要达到的目的。

二、存款准备金的主要作用

（1）保证商业银行等存款货币机构资金的流动性。当部分银行出现流动性危机时，中央银行就有能力对这些银行加以救助，以提供短期信贷的方式帮助其恢复流动性。

（2）集中使用一部分信贷资金。这是中央银行作为银行的银行这一"最终贷款人"责任，也可以向金融机构提供再贴现。

（3）调节货币供给总量。举个例子，银行吸收了1000元存款，存款准备金率是10%，那么银行同期可用于投资等的最高额度是900元，100元准备金必须存在央行指定的账户上；存款准备金的作用之一是防范挤兑风险，现在被政府好好利用了一把，成了抑制投资的工具之一。

我国的存款准备金制度是在1984年建立起来的，至今存款准备金率经历了26次调整。最低的一次是1999年11月存款准备金率由8%下调到6%；最高一次为2008年6月由16.5%上调至17.5%。

上调存款准备金率是央行减少商业银行流动性泛滥的一个重要措施，会减少信贷的资金供应量，是紧缩信号，与投资有直接联系。当中央银行提高法定准备金率时，商业银行可提供放款及创造信用的能力就下降。因为准备金率

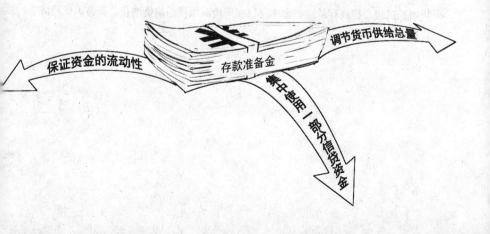

提高，货币乘数就变小，从而降低了整个商业银行体系创造信用、扩大信用规模的能力，其结果是社会的银根偏紧，货币供应量减少，利息率提高，投资及社会支出都相应缩减。反之，亦然。

比如，如果存款准备金率为7％，就意味着金融机构每吸收100万元存款，要向央行缴存7万元的存款准备金，用于发放贷款的资金为93万元。倘若将存款准备金率提高到7.5％，那么金融机构的可贷资金将减少到92.5万元。

存款准备金制度有利于保证金融机构对客户的正常支付。随着金融制度的发展，存款准备金逐步演变为重要的货币政策工具。当中央银行降低存款准备金率时，金融机构可用于贷款的资金增加，社会的贷款总量和货币供应量也相应增加；反之，社会的贷款总量和货币供应量将相应减少。

这样通过调整存款准备金率，可以影响金融机构的信贷能力，从而间接调控货币供应量，达到控制经济增长的目标。

央行存款准备金率上调和存款利率上调之间没有必然的联系。无论是加息，还是上调存款准备金率，其用意都是为了抑制银行信贷资金过快增长。上调存款准备金率，能直接冻结商业银行资金，强化流动性管理。主要是为了加强流动性管理，抑制货币信贷总量过快增长。同时，上调存款准备金率也体现了"区别对待"的调控原则。同加息相比，上调存款准备金率是直接针对商业银行实施的货币政策工具，不似加息"一刀切"式直接影响企业财务和百姓生活。

央行决定提高存款准备金率是对货币政策的宏观调控，旨在防止货币信贷过快增长。2010年，我国经济快速增长，但经济运行中的突出矛盾也进一步凸显，投资增长过快的势头不减。而投资增长过快的主要原因之一就是货币信贷增长过快。提高存款准备金率可以相应地减缓货币信贷增长，保持国民经济持续、快速、协调、健康发展。

PART 07
宏观调控：政府的经济职能

宏观调控：市场失灵时政府的作用

一、宏观调控

宏观调控就是国家运用计划、法规、政策等手段，对经济运行状态和经济关系进行干预和调整，把微观经济活动纳入国民经济宏观发展轨道，及时纠正经济运行中的偏离宏观目标的倾向，以保证国民经济的持续、快速、协调、健康发展。

二、我国宏观经济调控的主要目标

第一，促进经济增长。经济增长是经济和社会发展的基础。持续快速的经济增长是实现国家长远战略目标的首要条件，也是提高人民生活水平的首要条件。因此，促进经济增长是宏观调控的最重要的目标。促进经济增长是在调节社会总供给与社会总需求的关系中实现的。因此，为了促进经济增长，政府必须调节社会总供给与社会总需求的关系，使之达到基本平衡。第二，增加就业。就业是民生之本，是人民群众改善生活的基本前提和基本途径。就业的情况如何，关系到人民群众的切身利益，关系到改革发展稳定的大局，关系到全面建设小康社会的宏伟目标，关系到实现全体人民的共同富裕。促进充分就业是我国政府的责任。我国面临严峻的就业形势，一方面劳动供给数量庞大，另一方面劳动力需求显得有限。因此必须坚持实行促进就业的长期战略和政策，长期将增加就业的宏观调控目标落到实处，并严格控制人口和劳动力增长。就业的增加取决于经济增长速度和经济增长的就业弹性。要增加就业，首先要促进经济持续快速增长，这是增加就业的基础。同时还必须提高就业弹性。为了提高就业弹性，要积极发展劳动密集型产业、第三产业、中小企业、非公有制企业，要大力推进城镇化，加快小城镇建设。第三，稳定物价。在市场经济中，价格的波动是价格发挥调节作用的形式。但价格的大幅度波动对经济生活是不利的。如果物价大幅上升和通货膨胀，会刺激盲目投资，重复建设，片面追求数量扩张，经济效益下降；如果物价下降和通货紧缩，则会抑制投资，生产下降，失业增加。在社会主义市场经济条件下，绝大多数商品和服务的价格由市场决定，但政府可以运用货币等经济手段对价格进行调节，必要时也可以采用某些行政手段（如制止乱涨价、打击价格欺诈），以保持价格的基本稳定，避免价格的大起大落。第四，保持国际收支平衡。国际收支是指一个国家或地区与其他国家或地区之间由于各种交易所引起的货币收付或以货币表示的财产的转移。

三、宏观调控的手段

法律手段，指国家通过制定和运用经济法规来调节经济活动的手段。主要通过经济立法和经济司法进行调节经济，有权威性和强制性。

经济手段，是国家运用经济政策和计划，通过对经济利益的调整来影响和调节经济活动的措施，主要方法有财政政策和货币政策的调整；制定和实施经济发展规划、计划等。对经济活动进行引导，是一种间接手段，不是主要手段。

行政手段，指国家通过行政机构，采取带强制性的行政命令、指示、规定等措施，来调节和管理经济。如利用工商、商检、卫生检疫、海关等部门禁止或限制某些商品的生产与流通，有直接性、权威性、无偿性和速效性等特点。

经济发展战略：为国民经济发展指明方向

一、经济发展战略

经济发展战略：是指关于经济发展中带有全局性、长远性、根本性的总的构想，在一定时期内，国家关于国民经济发展的基本思想及其为此而实施的总体规划和方针政策。

经济发展战略概念，是在第二次世界大战以后运用起来的。由于一系列新独立的发展中国家的出现，经济发展问题日益突出，逐渐形成以发展中国家的经济发展为研究对象的发展经济学，随之产生经济发展战略概念。美国发展经济学家赫希曼较先使用这一概念，1958年他出版了《经济发展战略》一书。20世纪60年代，不少国家总结工业化的经验，提出"进口替代的发展战略""出口替代的发展战略"等经济发展的不同形式。同时，联合国先后制定了60年代、70年代、80年代三个十年的国际发展战略，使发展战略概念在国际上更为流行。

中国过去虽长时期没有使用经济发展战略概念，但在不同的时期提出的总路线、总任务和总方针、总政策等，实际上含有经济发展战略的意义。中国采取的经济发展战略遵循社会主义基本经济规律，从中国的特殊国情出发，坚持社会主义方向。它既不同于"传统的发展战略"，也不同于"变通的发展战略"。

十一届三中全会以后，中国的经济发展战略发生了重大的转变，即更加注意在经济增长基础上逐步满足人民日益增长的物质文化需要；强调以高效益为中心任务；主要依靠对现有企业进行技术改造，从事内涵扩大再生产；开发物力资源和开发人力特别是智力资源并重；在自力更生基础上实行对外开放。中国经济建设的战略部署大体分三步走：第一步，实现国民生产总值比1980年翻一番，解决人民的温饱问题。第二步，到20世纪末，使国民生产总值再增长一倍，人民生活达到小康水平。第三步，到21世纪中叶，人均国民生产总值达到中等发达国家水平，人民生活比较富裕，基本实现现代化。

二、制定依据

制定经济发展战略必须有科学的依据，一般地说，主要有以下几个方面：

（1）基本国情。制定经济发展战略必须从本国与经济社会密切相关的各种基本情况出发，使战略目标的确定，发展途径的选择符合客观条件、立足本国实际。国情的具体内容包括：

①自然资源条件。主要有土地、水资源、生物资源和矿物资源以及地理位置、气候等条件。

②人口状况。人口状况包括人口数量、素质、构成、就业等方面。人既是生产者，又是消费者，在具体制定经济发展战略时，要充分考虑人口价值具有两重性，在决策时，要把人口现状与发展国家经济、社会等方面状况结合起来统筹考虑。

③经济条件。主要有生产力发展水平、产业结构、基础设施、居民收入及消费水平、科技教育等情况。这是一个国家经济实力大小的重要表现，也是制定经济发展战略的基础。

④经济社会结构。主要有社会经济成分、管理体制、政治制度等状况。这些因素中，有的规定着经济发展的情况和方向，有的影响经济发展的动力和途径，有的起制约作用等。因此，在研究制定经济发展战略时应当综合考虑。

⑤科技发展水平。当代科技发展水平对社会经济各个方面的影响日益突出，因此在制定社会经济发展战略时，也需要充分考虑到科技发展给未来带来的潜在影响，并据此估价和调整其他领域的发展政策。

（2）客观规律。制定经济发展战略必须符合客观规律的要求，经济规律是社会经济现象及其运动过程内在的、本质的、必然的联系。因此，制定经济发展战略，要善于学习和总结实践经验，从经济实践中找出经济发展的规律性，做出科学的决策。

（3）国际环境。国际政治和经济的形势及条件，对国内经济发展有着重大影响。当今世界，生产国际化加强，国际经济关系日趋密切。国际环境包括国际贸易关系、国际金融资本转移、技术转让和商品贸易、国际劳力市场、国际经济结构等方面的内容。

经济发展战略通常包括三个基本组成部分：

①制定战略的实际依据和理论依据。要考虑本国的经济、社会、科学技术、教育、文化等的历史和现状，并明确所遵循的基本指导思想和重要指导原则。

②提出在一定时期内拟实现的综合的、概括的总体目标和在某些方面比较具体的目标。

③提出实现战略目标的途径和手段。包括战略重点、实施步骤、力量部署、重大的政策措施等。

经济发展战略有不同层次和不同范围，一个国家、一个部门、一个地区、一个企业，都可有自己的经济发展战略。下一层次或较小范围的经济发展战略，是上一层次或较大范围的经济发展战略的组成部分。其中，最重要的是全国性的宏观经济发展战略。

三、经济战略

民营经济战略。我国市场化改革和体制转轨的核心内容，是国有和民营经济发展战略问题。对此，国家一方面通过各种途径优化国有经济，推动国有企业建立现代企业制度的改革，实现国有经济的合理"退出"与"进入"；另一方面，大力支持民营经济的发展，为其创造良好的外部环境，最终使民营经济撑起了"半壁江山"。

对外经济战略。与改革相伴随的是对外开放，面对经济全球化的大趋势，我国在对外经济发展战略方面取得了重大突破，突出表现在对外经济联系不断扩大，对全球经济金融的影响力也日益增强。在20世纪末之前，出口拉动经济增长被作为经济发展战略的重要方向，对此财政政策进行了全方位的支持，包括出口退税政策、补贴政策等都得到广泛运用。而进入新世纪，一方面要适应WTO的要求，另一方面我国也从追求出口规模转为重视出口质量，因此财政政策也进行了许多战略调整，例如规范财政补贴，运用税收来约束"两高一资"行业出口，鼓励高新技术设备进口等。正是由于这些财政政策契合了对外开放战略的调整，才使得我国经济在获得对外开放利益同时，尽可能地规避了国际经济动荡的风险。

区域经济协调发展战略。实现区域经济协调发展是我国又一重大经济战略。应该说，实现区域协调发展，逐步缩小区域发展差距，是我国现代化建设进程中的一项长期任务。而当前推进西部大开发，振兴东北地区等老工业基地，促进中部地区崛起，鼓励东部地区率先发展，是中央从全局高度确定的区域发展总体战略。与区域经济发展相适应的财政政策，成为不同时期国家区域战略的重要支撑。从总量看，1994年到2006年，中西部地区累计享受转移支付占总额的84.6%；从发展趋势看，中西部地区分享的转移支付比重从1994年的69.6%上升至2006年的86.1%。

可持续经济发展战略。可持续经济发展战略是我国改革开放的一项重要国策。它强调坚持以经济建设为中心，从经济与人口、资源、环境、社会的相互协调中推动经济建设的发展，并在发展过程中带动人口、资源、环境和社会问题的解决，从而实现经济、资源和生态、社会的可持续发展。

相机抉择：政府要因势利导

一、相机抉择

政府对宏观经济进行调控时，应该根据市场情况和各种调节措施的特点，机动灵活地选择一种或几种政策措施，这就是相机抉择。根据一定时期的经济形势变化情况，为达到预定的宏观调控目标，采取相应的公共支出和税收措施，是政府对经济运行的有意识干预。其调控形式包括调整税制、改变财政的转移性支出和购买性支出等。

各套宏观政策都有自己的特点。第一，它们作用的猛烈程度不同。比如政府支出的增加和法定准备金率调整的作用都比较猛烈，而税收政策与公开市场业务的作用就比较缓慢。第二，政策效应的时延不一样。例如，货币政策可以由中央银行决定，作用快一些；而财政政策从提案到议会讨论、表决通过，要经过一段相当长的时间。第三，政策发生影响的范围大小不一样。政府支出的影响面就大一些，而公开市场业务的影响面就小一些。第四，政策遇到的阻力大小也不同。增税或减少政府支出的阻力较大，而货币政策的阻力一般较小。因此，政府在对经济进行调控时，究竟采取哪一项政策或哪几项政策并没有一个固定的模式，而应该根据不同的情况灵活地决定。

有人将政府比作一名医生，要善于根据国民经济出现不同的症状选用不同的政策配方。比如在经济发生严重衰退时，这相当于一个人病情已经非常严重，这样就不能下见效比较慢的"药"，而应该下"猛药"，如紧急增加政府支出，或举办公共工程。相反，当经济开始出现衰退的苗头时，这好比一个人刚出现疾病的症状，这时就不宜下"猛药"，因为"猛药"的副作用较大。此时，应该开具作用缓慢但副作用小的"药"，如有计划地在金融市场上收购债券以便缓慢地增加货币供给量，以降低利息率。

作为一名好医生，还要善于将不同的药搭配起来使用。政策的搭配一般有这样几种方法：一是为了更有效地抑制经济衰退，可以把扩张性的财政政策与扩张性的货币政策配合使用；为了更有效地削弱经济膨胀，可以把紧缩性的财政政策与紧缩性的货币政策配合使用。二是可以把扩张性的财政政策与紧缩性的货币政策配合使用，以便在刺激总需求的同时又不至于引起太严重的通货膨胀；或者把扩张性的货币政策与紧缩性的财政政策配合使用，以便既能降低利息率，增加投资，又可以减少政府支出，稳定物价。

国民经济的躯体要是有了病，一般表现为通货膨胀率和失业率超过了正常的标准。由于通货膨胀率和失业率之间存在交替关系，所以某一项指标超过正常标准而另一项指标还有余地时，可有计划地调高另一指标而使这一项指标回到临界点以内。

二、相机抉择的主要内容

当总需求小于总供给时，采用扩张性财政政策，扩大总需求，防止经济衰退；当总需求大于总供给时，采用紧缩性财政政策，抑制总需求，防止通货膨胀；在总供求基本平衡时，实行中性财政政策，主要发挥市场机制的作用。

在我国，随着社会主义市场经济体制的逐步建立与完善，以及经济形势发展变化，财政政策先后经历过适度从紧和积极扩张两次重要的相机抉择实践。为了进一步适应经济形势的发展变化，我国政府审时度势、果断决策，适时转向稳健财政政策，财政政策的基本取向趋于中性，既防止通货膨胀苗头继续扩大，又防止通货紧缩趋势重新出现；既坚决控制投资需求膨胀，又努力扩大消费需求；既对投资过热的行业降温，又着力支持经济社会发展中的薄弱环节。稳健财政政策是又一次重要的相机抉择实践，旨在深化各项改革，促进社会经济协调发展，及时消除经济运行中不稳定、不健康因素，建立有利于经济自主增长的长效机制，为市场主体和经济发展创造一个相对宽松的财税环境和体制条件。

对于政府来说，"预则立，不预则废"，只有把不利于国民经济稳定增长的因素消灭在萌芽状态，才能避免国民经济大起大落和不必要的损失。当国民经济的躯体出现了大病时才出来"力挽狂澜"，紧急抢救，这样的政府调控未必是成功的宏观调控。因此，只有密切关注国民经济的一切变化，保持国民经济的持续和健康发展，这样的政府才能算作是好政府。

稀缺人才

不可替代

技术骨干

企业

丰厚待遇

下篇

生活中的经济学

PART 01
消费经济学

炫耀性消费：享受有差别的生活

　　唐纳·卡兰、路易·威登、范思哲、迪奥、古奇、瓦伦蒂诺·加拉瓦尼、乔治·阿玛尼等品牌在生活中提起来个个如雷贯耳，虽然这几大品牌的每一件商品都价格不菲，购买任意一件都可能会用去工薪阶层的小半年工资，然而这丝毫没有影响人们的购买兴趣，大家仍然趋之若鹜。

　　这些商品并不是人们生活所必需的（因为人们完全可以购买廉价的替代品满足自己的着装等需要），如果没有这些我们的生活也能照常继续。那么，

这些商品能给我们带来一些什么效用呢？

其实在经济学家眼里，这些东西都是奢侈品。所谓奢侈品是指超出人们生存与发展需要范围的，具有独特、稀缺、珍奇等特点的消费品。通常人们认为奢侈品是那些非常昂贵的物品，即大部分人消费不起的物品，是既非必需又没有实际用途的昂贵物品，如高级成衣、名牌箱包和高档汽车等。显然，奢侈品昂贵的价格会将一大部分人拒之门外，拥有它便成为一种身份的象征，这带给人的满足效用显然是巨大的。

法国国王拿破仑三世是一个奢靡的人，同时也是一个喜欢炫耀自己的人。他常常大摆宴席，而每次宴会他总是显示出国王的尊贵。餐桌上的用具几乎全是用银制成的，唯有他自己用的那一个碗是铝制品。

有人可能有疑问了，为什么贵为法国国王，不用高贵而亮丽的银碗，而用色泽要暗得多的铝碗呢？原来，在差不多200年前的拿破仑时代，冶炼和使用金银已经有很长的历史，宫廷中的银器比比皆是。可是，在那个时候，人们才刚刚懂得从铝矾土中炼出铝来，冶炼铝的技术还非常落后，炼铝十分困难。所以，当时铝是非常稀罕的东西，不要说平民百姓用不起，就是大臣贵族也用不起。拿破仑三世让客人们用银餐具，而自己用铝碗，就是为了显示自己的高贵。

这事要在现在，一定十分可笑，因为在今天，铝不仅比银便宜得多，而且光泽和性能都远远比不上银。铝之所以变得便宜，是因为后来人们发明了电解铝的技术，可以大量生产铝。炼铝的主要原料，则是地球上储量很大的铝矾土。原料丰富，电力充足，又有效率很高的生产技术，就使得铝的产量很快上升，铝也就变成了很普通的东西，谁还会像当年的拿破仑三世那样拿它来炫耀呢？

具体地说，人类追求奢侈品主要出于以下动机：

1.奢侈品是富贵的象征

奢侈品是贵族阶层的物品，它是贵族形象的代表。如今，虽然社会民主了，但人们的"贵族观"并未改变。劳斯莱斯汽车就是贵族车的典型。

2.奢侈品看上去就好

奢侈品的高级性应当是看得见的。正因为其奢华"显而易见"，它才能为主人带来荣耀。所以说，奢侈品必须提供可见价值——让人看上去就觉得好。

那些购买奢侈品的人完全不是在追求实用价值，而是在追求"最好"的感觉。

3.奢侈品的个性化

商品的个性化，才为人们的购买创造了理由。正因为奢侈品的个性化，才更显示出其尊贵的价值。

4.奢侈品带来的距离感

在市场定位上，奢侈品就是为少数"富贵人"服务的。因此，要维护目标顾客的优越感，就应当使大众与他们产生距离感。奢侈品品牌要不断地设置消费壁垒，拒大众消费者于千里之外。

广告：别被广告忽悠了

人们在附近超市散发的宣传品中，可能会看到两则针锋相对的广告。

前一则广告：

货比三家，天华超市的商品更便宜。

王太太在她家附近的天华超市采购完一周所用的商品后，我们把她带到了旁边的天润超市。她选择了同样的商品，但是等她来到收银台结账时，她大吃一惊，因为天润超市的价格整整高出天华超市5.3元。

所以，你要想获得更多的实惠，节省更多的开支，享受更多的便利，请你来天华超市。

另一则广告：

天润超市，天天平价。

一位顾客这样诉说自己的购物经历："我天天在天润超市购物，因为直觉告诉我在这里购物会得到更多的实惠。有一天，我为了确证自己的直觉，我把我刚从天润超市买的商品列了一个清单，然后到附近的天华超市做了一个比较，结果让我很惊讶，因为在天华超市相同的商品算下来竟比在天润超市贵了6元！可见我的选择是没错的。"

要想买到更便宜的商品，获得更热情的服务，请来天润超市吧，天润超市，天天平价！

一路走下来，你竟会收到这两份截然不同的广告。怎么回事呢？这两家超市不可能都便宜，要么只有一家便宜，要么两家的价格相同，肯定至少一家超市撒了谎。然而，还有一种情况是，这两家超市都没说谎，他们说的是实话。

因为这两个顾客所购买的是不同的商品。王太太去天华超市购买的商品恰恰是天华超市最近进行打折的商品，而这些商品在天润超市是没有打折的，所以，总起来算，天华超市要比天润超市便宜一些。同样，第二个顾客做的也是这样的事。

现实中同类的事比比皆是，一个显著的例子就是移动通信的资费问题，各种套餐五花八门，各说各的优惠，其实算下来总不会差多少，只能说哪个更适合你一些。那么，对这些杂乱的信息我们能不能处理得更好一些呢？

能！在经济学上，通常会把这些文字表达转化成数学公式。以上面的在超市购物为例，我们完全可以把两家超市不同时期的同一商品的价格罗列出来，通过比较分析，这样我们就会有一个比较确定的解释，以给我们去哪家超市购物提供一个确定的依据。

这正是数学的方法，其实数学早已在经济学中得到了广泛的运用，现代的经济学已经与数学紧密地联系在了一起。数学在经济理论的证明当中发挥着很大的作用。那么为什么经济学一定要与数学联系在一起呢？这就关系到数学的特性。

数学是人类最早发展起来的科学之一。伴随着数学自身的迅速发展及其在所有其他科学领域的广泛而深入的应用，人们逐渐认为，科学作为理性的事业，数学是其普遍适用的理性形式。数学方法原则上适用于一切科学，因为客观存在的一切事物都是质和量的统一体，无论用什么方法去研究，它们都具有量的规定性，而对于量的规定性的研究必须运用数学。马克思指出，能否成功

别被广告忽悠了

地运用数学，是衡量一门科学是否成熟的标志。当一门科学找到了相应的数学手段来表达自身概念的相互联系时，就表明它达到了较高的逻辑水平和理论水平，达到了有效的解释和预见的可能性。

来听听这些知名的经济学家对数学的赞美吧。Degreu就认为，形式化提供一语言的方便性，并使分析能有更深层次的了解。对Gorman而言，数学在经济推理中是重要的，因为这可使想象的内涵通达未知的领域。Weintrasub则认为，我们透过创造心灵结构了解经济世界，而运用数学就是用最纯的方式创造心灵结构，因此，数学在经济学分析中当然是重要的。可见，数学对于经济学的研究是多么的重要！

在日常生活中，我们离不开经济学，除此之外我们还得经常跟数字打交道。例如你要去公司领多少工资，你这个月要交多少个人所得税，这个月打了多少元钱的电话费，甚至你买了2斤黄瓜该付多少钱等。因此我们必须掌握一定的数学知识。只有这样，我们才能做到理性的消费，才不会被例子中的两个广告所蒙骗！

羊群效应：消费也跟风

喝惯了绿茶、橙汁、果汁的人们如今有了新的选择，以"王老吉""苗条淑女动心饮料"等为代表的一批功能性饮品如今在市场上大卖。值得关注的是，这些饮料并不是由传统的食品、饮料企业推出的，生产它们的是——药企。

这些功能性饮料的显著特点是它们除了饮料所共有的为人体补充水分的功能外，都有一些药用的功能。声称有去火、瘦身等功效，伴随着"尽情享受生活，怕上火，喝王老吉"这句时尚、动感的广告词，"王老吉"一路走红，大举进军全国市场。虽然"王老吉"最初流行于我国南方，北方人其实并没有喝凉茶的传统，但是王老吉药业巧妙地借助了人人皆知的中医"上火"概念，成功地把"王老吉"打造成了预防上火的必备饮料。

然而这里药品专家提醒：理性消费不跟风。专家认为，凉茶这种饮料并非老少皆宜，脾胃虚寒者以及糖尿病患者都不宜服用；脾胃虚寒的人服用后会

羊群效应

引起胃寒、胃部不适症状；而糖尿病患者服用后则会导致血糖升高。功能性饮料并不适合所有人群。

这也提醒了我们在消费的同时不要盲目跟风，要做到理性消费。经济学上有一个名词叫"羊群效应"，是说在一个集体里人们往往会盲目从众，在集体的运动中会丧失独立的判断。

在一群羊前面横放一根木棍，第一只羊跳了过去，第二只、第三只也会跟着跳过去；这时，把那根棍子撤走，后面的羊，走到这里，仍然像前面的羊一样，向上跳一下，这就是所谓的"羊群效应"，也称"从众心理"。羊群是一种很散乱的组织，平时在一起也是盲目地左冲右撞，但一旦有一只羊动起来，其他的羊也会不假思索地一哄而上，全然不顾前面可能有狼或者不远处有更好的草。

因此，"羊群效应"就是比喻人都有一种从众心理。从众心理很容易导致盲从，而盲从往往会陷入骗局或遭到失败。

有一个笑话说的就是这种跟风现象。

一位石油大亨到天堂去参加会议，一进会议室发现已经座无虚席，没有地方落座，圣彼得说："实在抱歉，没有你的位子了。"这个石油大亨说："不要紧，我有办法。"他对天堂的大门大喊一声："地狱里发现石油了！"这一喊不要紧，天堂里的石油大亨们纷纷向地狱跑去，很快，天堂里就只剩下他自己了。圣彼得吃惊地看着这一切，说："现在你可以进去了。"此时，这位大亨心想，大家都跑了过去，莫非地狱里真的发现石油了？于是，他也急匆匆地向地狱跑去。

其实，现实生活中类似的消费跟风的例子还不少。比如每年大学必有的"散伙饭"。

所谓的"散伙饭"就是"离别饭"。三四年的同学生活、宿舍密友，转眼间就要各奔东西了，这个时候自然要聚一聚，喝酒、聊天。于是，"散伙饭"成了大学生表达彼此间依依惜别之情的方式。

然而，本来是为了将"散伙饭"作为大学里最后的记忆，却渐渐地变了味道。"散伙饭"不仅越吃越多，有的越吃越高档，越来越上档次，价钱也越来越昂贵，成了"奢侈饭"。

看到以前的学长们在吃"散伙饭"，看着周围的同学在吃"散伙饭"，自己怎能不吃呢？这还是一种"不服"的心理作用。你在学校食堂吃散伙饭，那么我也吃，我们到外面饭店去吃，比谁的档次高。于是，跟风的人越来越多，吃的越来越多，档次也越来越高。

这种一味地跟风，只图一时宣泄情绪的行为，往往给许多学生的家庭带来了财务负担。对家庭而言，培养一个大学生已经是花费了不少钱财，豪华的饭局却又加重了家庭的开支。家庭富裕的也许并不会在意什么，然而家庭比较贫困的呢？为了不丢孩子的面子，再"穷"也要让孩子在大学的最后时刻风风光光地毕业。这不仅突出了同学间的贫富不均的现象，而且极容易引起贫困生们的自卑心理。对于学生而言，绝大多数都是依赖父母，有钱就花，花完再要，大摆饭局只为跟风、攀比，满足彼此的虚荣心，不利于培养学生正确的理财观、消费观，助长了社会"杯酒交盏，排场十足"的铺张浪费之风。不仅如此，错误的消费观还会影响到大学生日后就业，他们甚至可能所挣的工资会连在校时的消费水平都不如，这也就相应地加大了他们就业的压力。

"羊群效应"告诉我们，许多时候，并不是谚语说的那样"群众的眼睛是雪亮的"。在市场中的普通大众，往往容易丧失基本判断力，人们喜欢凑热闹、人云亦云。有时候，群众的目光还投向资讯媒体，希望从中得到判断的依据。但是，媒体人也是普通群众，不是你的眼睛，你不会辨别垃圾信息就会失去方向。所以，收集信息并敏锐地加以判断，是让人们减少盲从行为，更多地运用自己理性思维的最好方法。

折扣效应：谁诱惑了你

情人节之际，章先生到花店买玫瑰（平时玫瑰2元一枝，情人节标价20元一枝）。

章先生想：花虽贵，但不能不买。可是，买了还真心疼，毕竟买少了，面子上挂不住，买多了又贵银子。

正在犹豫，店主走了过来，问："先生，买花啊？"

章先生说："嗯……这……咳咳，这玫瑰能不能便宜点？"

店主笑道："送女朋友吧？追女孩子怎么能怕花钱呢？若是因为这一大束花，换来了你的幸福，那可是太划得来了！"

章先生犹豫不决……

店主接着说："要不这样吧，您在我这里办张会员卡，我给您五折优惠。"

章先生说："啊？有这个必要吗？"

店主惊讶道："怎么没有啊，谁家红白喜事不送花？难道非要等遇到了才知道买啊？"

章先生想了想也对，就办了张卡，买了束花。

生活中，我们常常会遇到这样的事，明知打折是商家给我们挖的坑，我们还是照跳不误。是商家得了便宜还卖乖的表演，"我已经赔了，看在老乡的分上就权当我给你捎一个了"，让我们心软了？还是我们天生就是上当的主？商家的软磨硬泡之所以能频频奏效，恰恰是利用了我们是理性经济人的特点，即实现自己的利益最大化。

在商场里，经营者以种类繁多的商品吸引消费者，再用昂贵的价格获取利润，而为了能获得更多的交易机会，他们就会适当地给予消费者折扣。因为存在这些折扣，消费者多会感到心里舒服些。既然买东西都会被宰，被少宰一点，总是好一些。渐渐地，人们也就接受了这样的销售模式。

把顾客的腰包掏空，是这个追逐利润时代的主流思想。人们都想赚钱，都想变着法地从周围的人身上掏钱。打折扣，就是这样的一个从别人口袋"掏钱"的方法。无数的商场店家，无不用折扣券、会员卡来吸引消费者，且屡试不爽。消费者想捂紧钱包，也很难逃过狡猾的商家设下的一个个圈套。而滑稽的是，有时候消费者不仅不对此感到厌恶，还对此非常钟情。

美国宝洁公司曾经实行过"折扣券"制度，对积攒、保存、出示"折扣券"的顾客（往往都是收入较低的顾客）适用比较优惠的价格。1996年，该公司以区分消费者需求弹性成本太高之名要取消此种制度。结果，经常来光顾的顾客火了，一纸诉状将它告到了纽约州司法部，最后，宝洁公司被强制要求继续执行"折扣券"制度。

折扣效应让消费者对产品的价格更加敏感，也蒙蔽了消费者。它让人们光看到自己在某一次消费中少花了多少，而没有看到已经为之付出的和将来还要为之付出的代价。所以，有人在消费某些奢侈品的打折优惠时，还甘之如饴，感到非常满意。却没想到，商家这招用的是"放长线，钓大鱼"，不看眼前蝇头小利，注重的是长期利益。

于是，这一技巧性的方法，被广泛地应用到商业竞争中，尤其是在美容理发行业里，被应用得更加广泛和娴熟，甚至夸张。可是，人们却无法用法律来对其进行规制和定性。因此，折扣效应一直存在，大至房屋建筑，小至家居杂物。无论是哪一种，我们都会在耳边听到这样的声音："本店可办会员卡（送优惠券），购物满一百八五折！省钱！实惠！您还等什么！"但不知道那些"折价生意"背后，到底是谁笑了。

经济适用：值得考虑的尾房

新婚夫妻朱某和李某，希望能买到一套新房，但由于手头拮据，迟迟不能实现这个愿望。突然一日，朱某的朋友对他提议不如买套尾房。朱某认为尾房都是别人挑剩下的房子，害怕会有问题，但看到现在报纸上的报道，尾房之中也不缺乏好地段、好条件的房子。朱某不由心动，可仍然拿不定主意，到底尾房该不该买？

要不要买，应当在全面考虑了尾房的情况之后再做决定。尾房存在的原因有很多，不能以偏概全，认为尾房就一定不好。尾房的存在，总体上有三种原因：一是，因为有问题，其本身存在缺陷，价值受损，自然价格也就降低；二是，原本开发商另有用途或没打算卖出去的；三是，因为宣传力度不够，没销售出去的。除了第一种尾房，后两种尾房还是可以让购房者得到较大实惠的，甚至有很多尾房可能比前期推出的还要好。所以，尾房是值得我们考虑的，只是它需要人们多关注一些房产信息。

多关注房产信息意味着多花费时间和精力。的确，尾房要比新建的房子更加难以筛选，至2008年8月底，全国商品房空置面积已经达到了1.3亿平方米，北京、上海、浙江、广东、福建、天津、江苏等经济发达省市的商品住宅成交量都大幅度下降。从这些信息中就可以看出，目前中国还有较高的房屋空置率。这些房子中有一部分已经成了尾房，可见，质量好的尾房还是存在的。

看完房产市场的情况，再来分析一下买尾房是否经济实惠。一方面，它要比新建的房子便宜很多，节省很多成本。所以，单从住房的角度来看，如果能淘到好的尾房，你就能得到更多的满足感。

但从另一个方面看，寻找它要花费一定的成本。例如，皮鞋成本（需要你多跑很多地方去实地看房，从而增加了皮鞋的磨损）、时间成本（需要一定的时间去寻找房屋信息，去考虑，斟酌）、金钱成本，等等。

而在决定是否要购买的时候，无非是综合以上两个方面来进行权衡取舍。如果相对于购买房子后节省的成本和效用来说，你认为在寻找尾房的过程中浪费的时间和金钱成本更无法承受，自然就不必买尾房，也不必奔波。但如果，你认为购买尾房带来的效用更大，则就不得不承担相应的时间和金钱等成本。

PART 02
职场经济学

人才：萧何月下追韩信

秦末农民战争中，韩信仗剑投奔项梁，项梁兵败后归附项羽。韩信曾多次向项羽献计，但始终不被采纳。苦闷之下，韩信离开项羽前去投奔了刘邦。

有一天，韩信违反军纪，按规定应当斩首，临刑前看见汉将夏侯婴，就问到："难道汉王不想得到天下吗，为什么要斩杀英雄？"

夏侯婴为韩信之语惊诧，认为此人不凡，看到韩信相貌威武，遂下令释放，并将韩信推荐到刘邦帐前，但未被重用。后来，韩信多次与萧何谈论治国治军之事，很受萧何赏识。

刘邦至南郑的行军途中，韩信思量自己难以受到重用，遂决定中途离去。这一情况被萧何发现，他将韩信追回。（这就是小说和戏剧中的"萧何月下追韩信"。）此时，刘邦正准备收复关中。萧何就向刘邦推荐韩信，称他是汉王争夺天下不能缺少的大将之才，应重用韩信。

刘邦采纳萧何建议，七月，择吉日，斋戒，设坛场，拜韩信为大将。韩信与萧何成了刘邦的左膀右臂，最终帮助汉王夺得天下。

看了这则典故，世人就有了这样的疑问：萧何为什么要追韩信？其实，这个问题很好回答——很多人会说因为韩信是大将之才，简单地讲他是个人才。随着时代的发展，在当今社会，对人才的重视已经上升到"人才经济学"

的高度。

　　什么是人才？这里就引出了人才的概念。从经济学的视野来对人才定义，有助于企业对人才的决策选择。

　　我们先看第一个问题：人才是什么。作为劳动者，人才是其中的一部分，但这一部分不同于一般劳动者，他们具有特殊的、专门的高质量、高素养和高能量，在劳动力这个总体内居于较高或最高层次。因此，在为数众多的劳动力群体中，人才有其不同性能，于是脱颖而出。简而言之，人才就是有特殊工作性能的劳动者。

　　第二个问题是人才是不是生产要素。人才从一般劳动力中区别出来后，与土地、资本和技术等一起，仍旧是要素之一。只是随着经济的发展和科技的进步，人才这个要素在生产力和经济活动中的作用和位置不断提升。先进生产力主要表现为先进的科技成果，这离不开人才的创新劳动。

　　从供求关系上看，人才又不同于其他要素。其他要素在经济发展和科技进步后，都能达到供求先是平衡、后是供大于求。但是作为先进科技开发者的人才，精益求精，永远供不应求，是不折不扣的稀缺资源，始终处于买方市场。

　　第三个问题是人才的流动性和价格。既是商品或稀缺资源，人才商品在供求驱动下，要交易，或者说必须流动，方能实现其人才功能。只有在市场经济体制下，人才通过自由流动，即供求双方的自由选择，才能得到优化配置。所谓"人尽其才""各得其所"，无非是对人才流动这种特殊商品的自由交易的结果。

萧何月下追韩信

既然是商品，人才自然是有价的。这种价格也决定于供求，而在供不应求的情况下，人才价格的总趋势是高走，即高价并且高涨。人才定价的尺度在于实际效益，但在未实现前有不确定性。于是，企业会采取其他方式，如技术入股特别是期权，把报酬与效益挂钩于其结果，使买卖双方都不吃亏，防止了市场风险。

企业之间市场的竞争、产品的竞争，归根到底是人才的竞争。一切的竞争，都必须讲究成本，讲究"经济"二字。人才是商品，使用人才必有成本，这就需要必须重视"人才经济学"，即最经济地使用人才。具体表现为，要经济地开发人才、经济地使用人才。

经济地开发人才，就要注重投入产出比，向人才投资要效益。曾经有很多企业在用人上有一种不正确的倾向，那就是只重文凭不管能力。员工为了评职称、获文凭，出现了不少学非所用，甚至学与用干脆不沾边的现象。这种现象造成投资浪费，企业不仅浪费了物质成本，员工也浪费了时间成本，投资的效用不能在实际工作中表现出来。

要克服这种现象，企业就要注重培养为企业建设与发展所需要的人才，在人才培养、考核选取录用上，都要紧紧围绕企业自身发展需要，并为优秀人才提供激励方案，鼓励员工围绕实际工作需要而进行学习。只有这样，才能使企业全体人员看到美好的未来，自己也有成长和"想象"空间，才能静下心来提升职业能力，提升工作效率，为企业创造更大效益。

经济地使用人才，首先是要杜绝人才浪费。不少企业的领导缺乏战略眼光，不能合理地选用人才，不把人才的浪费当成一回事。领导因对某一件事情不满意就全面否定一个员工，轻易调换工作，使之多年积累的技术、技能被搁置，得不到合理的运用和开发。

经济地使用人才，其次要人才高效。要想使人才高效率工作，薪酬是重要考虑因素。企业应结合人才市场价格和企业实力，为人才制订出一套能够产生强大经济效用的薪酬方案。

刘邦平定天下后，曾深有感触地对群臣说："吾所以得天下者何？夫运筹帷幄之中，决胜千里之外，吾不如子房；镇国家，抚百姓，给饷馈，不绝粮道，吾不如萧何；连百万之军，战必胜，攻必取，吾不如韩信。此三人者，皆人杰也，吾能用之，此吾所以得天下。项羽有范增而不能用；此其所以为我擒也。"

如何用人，对企业而言，始终是个大学问。选贤任能、杜绝浪费，做到人尽其才，让每一个人发挥全部的聪明才智和积极性，是一个企业家应当也是必须具备的领导艺术。企业领导者应该像刘邦那样，不仅能够召集到人才，而且能够用好人才，从而最终实现"一统天下"。

稀缺：为什么补鞋匠的地位举足轻重

在以色列，有这样一则寓言：

一天，克尔姆城里的补鞋匠把一个顾客杀了。于是，他被带上了法庭，杀人当偿命，法官宣判处以他绞刑。判决宣布之后，一个市民站起来大声说："尊敬的法官，被你宣判死刑的是城里唯一的补鞋匠！我们只有这么一个补鞋匠，如果你把他绞死了，谁来为我们补鞋呢？"

于是，克尔姆城的很多市民也都异口同声地呼吁着。法官赞同地点了点头，重新进行了判决。"克尔姆的公民们，"他说，"你们说得对，由于我们只有一个补鞋匠，处死他对大家都不利。城里有两个盖房顶的，就让他们其中的一个替他去死吧！"

虽然这是一个夸张的寓言故事，但现实生活中，这样的故事并不鲜见。当一个基金公司里只有一个人是资深财经分析师时，无疑他会成为整个公司的"香饽饽"。这就是"稀缺"中的"稀缺"，即目前情况下，他无可替代。用经济学术语，即他没有替代效应。

在我们的工作中，替代效应总是在发挥作用。那些有技术、有才能的人在企业里是"香饽饽"，老板见了既是加薪，又是笑脸，为什么？因为这个世界上有技术、有才能的人并不是很多，找一个能替代的人更是不容易。而普通员工，企业很容易从劳务市场上找到替代的人，中国是人力资源大国，你不愿意干，想干的人多的是。对于别人的薪金比自己高，不要吃惊和不平，只要使自己具有不可替代性，自己的待遇自然会提上来。

很多人慨叹，说自己刚进公司时，老板对自己很器重，当把才华全都献给公司的时候，自己的末日也就来了。这其实也怨不得老板，是替代效应在起作用。市场是无情的，面对员工的停步不前，如果老板不让新员工替代才能用尽的老员工，市场就会让别的企业替代这个企业。在错综复杂的市场中，如果你总能做到思维超前，自然不会被别人替代。

弥子瑕是卫国的美男子，他很讨卫灵公的喜欢。有一次，弥子瑕的母亲生了重病，弥子瑕假传君令让车夫驾着卫灵公的座车送他回家。卫灵公知道了这件事，反而称赞道："真是一个孝子！"又有一次，弥子瑕陪卫灵公到果园散步。弥子瑕伸手摘了一个蜜桃，当他吃到一半的时候，把吃剩的一半递给卫灵公。卫灵公毫不在意这是弥子瑕吃剩的桃子，说："你忍着馋劲把可口的蜜桃让给我吃，对我真是好啊！"

弥子瑕年纪大了以后，容颜逐渐衰老，卫灵公就不那么喜爱他了。弥子瑕又得罪了卫灵公，卫灵公不仅不再像过去那样迁就他，而且还要历数弥子瑕的不是："他过去曾假传君令，擅自动用我的车子；目无君威地把没吃完的桃子给我吃。"

后来卫灵公终于找了一个借口，把弥子瑕治了罪。

弥子瑕前后遭遇截然不同的待遇，是因为以前他的美貌获得卫灵公的喜欢，后来容颜衰老就不再得君心了。换句话说，以前他是不可替代的，后来已经成为可替代的人了。这其实涉及经济学上的替代效应。

现实生活中，具有"无可替代"的"稀缺"非常难，因为社会在发展，任何人或者事物都面临着可能被替代的后果。所以，不要总认为自己是独一无二的，我们的社会在创新，企业在创新，我们自己也要时刻为自己充电创新。

只有努力学习和更新自己，让自己在一定时间内、一定空间内具有不可替代性，自然就会成就自己的不凡人生。

孙海大学毕业时，其家人托关系让其进入了一家国营进出口公司。两年后，他离开了这家公司，又进入了一家五星级酒

稀缺人才

不可替代

技术骨干

店。由于当时正好刚拿了一个工商管理硕士学位，孙海被任命为总经理助理兼办公室主任。

在这家酒店，孙海负责人员聘用，工资、奖金的发放，公司制度的制定及对外联络等。但是老板是个十分武断的人，不喜欢听到不同的意见。孙海为人直爽，对一些看不惯的管理问题总是直言不讳，为此不仅没得到老板的垂青还得罪了不少同事，工作很不愉快的他决定辞职。

孙海辞职后，发誓一定要找一个比原来更好的工作，非经理职位不做。但多次投递简历，得到回应的寥寥无几。

生活中，像孙海这样的例子不在少数，由于各种各样的原因动辄换工作，频繁跳槽。当然也不排除在金融危机的处境下，不同行业的公司都以减产、降薪、裁员等方式来化解危机带来的经营风险，无疑又增加了就业的难度。众多职场人如何顺利地度过经济寒冬，怎样让自己的职业生涯有更好的发展？

最关键的是我们必须用"稀缺"来塑造自己的职业竞争力，才能化危机为转机。孙海的主要问题在于稀缺竞争力不强，不管是从专业知识还是管理水平都不具备竞争的优势。再加上频繁跳槽，行业和职位相关度均不高，所以他在职业选择上游移不定，就无法积累某个领域的核心知识和经验，在个人竞争中无法形成自己的稀缺竞争优势。

2008年金融危机大幅度爆发以来，世界经济恢复的格局并不明朗，企业招聘需求随之呈现出疲软状态，证券、银行、保险、房地产等招聘岗位相对较多的行业与往年相比也大幅缩水，求职者找工作难度明显增大，求职者甚至在签合同之际被企业"放鸽子"。职场人也采取了相应的自救措施。据调查，有26.3%的人因金融危机推迟了自己的跳槽计划，有5%的人干脆取消了自己的跳槽计划，有近70%的人选择了做"卧槽一族"。

2009年7月，王梅去一家公司面试，当时部门经理对她非常满意，甚至聊到了公司一年能享受几次旅行等福利待遇，意指她很快可以上班了，没料到之后却没了动静。事实上，王女士的情况还并不算太糟糕，有很多求职者甚至连面试机会都很难得到。在旅游行业从事行政管理的张亮说，自己通过各种渠道投出的200多份简历，只得到3家公司的面试机会，"发出简历和得到反馈的比率连2%都不到，现在找工作真的是太难了"。

因此，无论是在职者还是求职者，都应该用"稀缺"来打造自己相对优势的竞争力，越是在"非常时期"越要做个价值连城的"金牛"，从而成为企业中不可替代的人。

"金牛"之所以价格不菲是因为它是用昂贵的黄金打造而成的，这就需要你锻炼和凸显核心能力，稀缺竞争力不是泛泛地了解一些知识和经验，至少在专业知识上，你要比同行知道得更多，做得比别人更好。

如果你除了自身具有一技之长外，还能够以一顶三，身兼数职，不仅能够出色地完成本职工作，更可以兼任其他岗位的工作，成为企业稀缺的复合型人才。无论是在面对求职还是在企业中卧槽，都能减少被别人替代的概率，那你的职业安全指数才能保证你顺利度过经济寒冬。

竞争优势：塑造自己的核心竞争力

饶春毕业于北京外国语大学英语专业，在一家外资公司任部门经理助理，月薪3000元。年轻靓丽的她，毕业两年里换了几份工作，但不外乎助理、秘书、文员、前台等。最近，她一咬牙又辞了职，报名参加茶艺师培训，决心做个茶艺师。很多朋友不理解，放着好好的白领不当，辞职去学什么茶艺？可饶春自有一番道理。

"说是白领，可每天干的活，不外乎跑跑腿、帮经理写写英文信件、打打字、接待客人什么的，凡有个大学文凭的人都能干。跳槽呢，最多挪个窝继续做助理，学不到一技之长。我一晃就要奔30岁了，还不知道自己的核心竞争力在哪儿。

"3000块的薪水说高不高、说低不低，工作也没什么挑战性，每天原地踏步，知识一点点被'折旧'。与别的白领相比，我的英语水平不算专长，但在茶艺行业里，这就是我的优势。找到自己的优势，就特别容易获得发展，就容易建立自己的核心竞争力。"

饶春准备学了茶艺之后，利用自己的英文特长，向外国友人介绍中国博大精深的茶文化。她要在茶艺世界里找到属于自己的天地。

任何优势都是建立在比较基础上的，都是相对的。没有比较，优势就无从谈起。在国际贸易之间，有个重要的经济学理论：比较优势理论。这个理论的定义是：如果一个国家在本国生产一种产品的机会成本（用其他产品来衡量）低于在其他国家生产该产品的机会成本的话，则这个国家在生产该种产品上就拥有比较优势。

与比较优势相对应的一个概念是绝对优势。比如甲和乙两个人，甲比乙会理财，那么，甲在理财方面对乙有绝对优势。中国的彩电制造技术比印度强，中国在彩电制造上对印度有绝对优势。比较优势和绝对优势是否决定了人与人之间的分工关系或者国与国之间的贸易关系？我们进行如下分析：

甲比乙会理财，在这两个人的团队中当然是甲来理财。A国比B国会生产彩电，当然是A国向B国出口彩电。但进一步推敲就会发现这个推理并不能成立。甲比乙会理财，但甲比乙更会推销产品。在这个团队中谁来理财，谁来营销？答案是：为了团队的总体利益，甲应当将账本留给乙。乙虽然不如甲会理财，但乙在推销产品上能力更差。将账本给乙，能够为甲腾出时间去搞推销。在这个团队中，甲的比较优势是营销，而乙的比较优势是理财。人与人之间的分工合作关系是建立在比较优势之上，而不是绝对优势之上。

为什么会出现这样的结果？这种分配的前提是人的时间和精力是有限的。尽管甲各个方面都比乙强，但甲不可能一个人承担完所有的任务——因为如果甲选择什么都自己做，受时间资源的限制，甲的收益会少于和乙合作所得的份额。同样道理，尽管A国在彩电生产上对B国有绝对优势，但在电脑生产上的绝对优势更大。因而AB两国贸易会是A国向B国出口电脑，B国向A国出口彩电。两国的贸易关系是建立在比较优势而不是绝对优势的基础上。

比较优势这个概念告诉我们，对一个各方面都强大的国家或个人，聪明的做法不是仰仗强势，四面出击，处处逞能或事必躬亲，而是将有限的时间、精力和资

塑造自己的核心竞争力

源用在自己最擅长的地方。反之，一个各方面都处于弱势的国家或个人也不必自怨自艾，抱怨自己的先天不足。要知道，"强者"的资源也是有限的。为了它自身的利益，"强者"必定留出地盘给"弱者"。比较优势理论的精髓就是我们中国人所说的"天生我材必有用"。

从比较优势理论引发出另外两个概念：静态比较优势和动态比较优势。在宏观经济上，静态比较优势强调的是原本已经拥有的优势，比如廉价劳动力、土地、自然资源、资本等；动态比较优势强调的是随着时间变化而逐渐形成的核心优势，比如培育高素质的管理和决策人才、自主开发造型新颖、技术先进产品的能力等。

宏观的经济学角度是如此，个人的职业生涯发展亦是同样的情况。很多人已经注意到了自己静态比较优势的重要性，他们会使自己在求职时已经拥有了"标准配置"——学历、外语的等级证书、职业资格证书等，但是这只是在进入职业生涯发展初期的一种静态优势，只是说明了现状而已。

人力资源专家更注重个人的职业生涯发展和规划，更关心职业生涯发展的可持续性，这就不得不要求每个人从动态比较优势入手，合理分配个人的时间和精力，用以增加自身的职业生涯发展的"资产"。

如何获得这些资产？人力资源专家的建议是有计划地把收入中的一部分以自我投资的形式发生消费行为。具体讲就是把看似是支出的那一部分钱投入到对于自己各种形式的培训充电上。培训充电的内容应该首要考虑自己的专业和工作领域，因为这更容易使自己建立个人核心竞争力，从而使我们在职场上拥有竞争优势。

现在社会的竞争中，反复出现一个词——个人品牌。以往，我们以为只有企业才能拥有品牌，而如今在人才市场上，也出现了这个词。随着教育的普及，除了极少数岗位和职业外，大多数的职业都走向买方市场，人才竞争日益激烈。而这时，你要在众多的人才中崭露头角，就必须拥有能引起别人注意的特殊本事，而这也就是个人品牌形成的原因。

在生活中我们常常发现，那些成功人士都拥有优秀的个人品牌，他们总是令人印象深刻、与众不同。他们在任何时候，似乎都散发着独特的魅力。曾有管理学家指出："在职场中你应尽快建立起自己的品牌，从而成为能让老板和同事记住的人。如果在职场中拥有了自己的个人品牌，就会有更多选择的机会和更多向上发展的机遇。"

你该如何树立自己的个人品牌?

1.个人品牌定位

你想树立自己的个人品牌,就要先了解自己的个性。正如"性格决定命运",性格在这里也决定定位。有什么样的性格就应当选择树立什么样的个人品牌。这是塑造个人品牌的基础。你不妨问问自己——我的个人特长是什么?我适合从事什么样的工作?我想在人们心目中树立一个什么样的形象?

2.工作技能强

个人品牌同产品品牌在这点上是相通的。产品质量好,才能树立起品牌,而个人能力强,才能构筑起自己的品牌。精深的专业技能是个人品牌建立的重要元素。如何让自己的工作出色且不可替代,是建立个人品牌的关键。

3.较好的学习能力

建立个人品牌非朝夕可成的事情,你必须不断地学习。而且,即使你已经形成了个人品牌,为了保持它,也必须不断学习新知识、吸收新技能。只有在不断地积累和慢慢培养之后,你才可能形成大家所认可的品牌。

4.人品质量

道德水准、人品,对于个人品牌来说也是至关重要的。一个有才无德的人是无法建立起个人品牌的。所以,要想建立个人品牌,就一定要注意自己的言行。因为,只有言行一致,你的行为才会让人信服。

5.适当地包装自己

可能你很有能力,但你不注意仪表,没什么特点,那也很难引起注意。你可以用更有品位的服装、更有魅力的语气、更优美的身姿来让自己拥有更好的形象,让别人对你印象深刻。

就业危机:谁偷走了你的工作

当前最热门的话题是什么?对,就业问题。打开网络,经常能见到大家牢骚满腹:"工作难找啊!""现在的应届毕业生工作怎么这么难找啊?""怎么样才能找个如意的工作呢?"工作难找,工资太低,是现在不少大学毕业生找工作时的真切体会。

根据国家劳动保障部的最新统计，近几年的就业状况很不理想。由于解决国有企业下岗失业人员历史遗留问题的任务仍然很重，新成长劳动力已进入高峰期，特别是高校毕业生近年增量多、压力大，整个就业市场需求岗位的总体状况相对趋紧。在中国毕业生网发布的大学生就业形势分析中，使用了"就业寒流"来形容大学生就业形势。是什么让大家的就业遭遇寒流？工作都到哪去了？

从外在因素来看，当前我国经济增长面临的不确定性，很大程度上影响了就业的增长。受国际金融市场动荡多变、世界经济增速明显放缓等因素影响，我国经济增速明显放缓，2009年就业形势将不可避免地受到影响。由于和世界经济联系日益密切，我国出口受冲击也很明显。

国民经济综合统计司前任司长李晓超说："当前中小企业，特别是在珠三角、浙江的企业面临的困难，首先主要表现为一些出口导向型企业受外需影响较大。这些大量的中小企业长期以来对解决就业、提供税收，对整个国民经济保持平稳较快发展都发挥了积极重要的作用。"中小企业是吸纳毕业生就业的主力军，一旦它们面临困难，对就业形势势必会造成很大的影响。

除此之外，第三产业增加值的增速也呈回落态势。专家表示，这些大量吸纳就业的出口企业，特别是中小企业和劳动密集型企业生产经营面临困难，也会对就业带来一定的负面影响。

作为拉动中国经济增长的主要动力之一的固定资产投资，其实际增长率也有了较大的回落。投资的回落将对未来经济增长，特别是对就业形势产生影响。

有关专家还分析，成本压力增加和需求减弱将导致企业利润明显下降，这会大大降低企业投资的积极性，对就业增长形成较大的压力。

从大学生自身来看，首先要摆正自己的心态，大学毕业证只是学历，而不是能力的证明。大学生不能因为自己拿着大学文凭就觉得高人一等。现在社会上有一个很热门的话题：大学生找工作比高生难。其实并不是那么绝对！现在一些公司对用人都越来越严格，但这种严格主要是指工作态度，而不是能力。很多公司招聘时都特别注明：有上进心、有责任心、对公司忠诚等，却没有特别要求能力应该如何强。

　　不少企业普遍反映大学生吃不了苦，不太愿意从基层做起，而且容易跳槽，选工作非常挑剔，所以，求职者说"找一份好的工作很难"，而企业说"找工作难，招人更难"。

　　由此可以看出，求职者不能找到好工作，应该是自己的要求过高，企业招不到好的员工，因为求职者要求过高。一般企业招聘员工时，试用期都不会给比较高的薪水，要经过试用才确定薪水和待遇的。大学生求职时要针对自己的能力来提出相应的待遇，那种认为自己是大学生就应该拥有高薪和优越待遇的观念需要改变了。

　　有些学生找工作的时候非大城市、名企不去，我们并不赞同这种想法，如果在北京、上海找不到适合自己的好工作，不妨先到小地方去工作，等经验积累得差不多了，再返回大城市。

　　很多学生应聘时会拿着英语、计算机之类的等级证来证明自己的实力，其实，这些证书很大程度上不起决定作用。应聘秘书时，招聘人员可能会让你现场做助理工作；应聘营销人员时，招聘人员可能会扮演顾客，要你现场推销货品……

　　因此，就业能力不能仅仅停留在表层，要落实到实践层面。但遗憾的是，真正懂得这个道理的大学生并不多。知识要转化为生产力，转化为解决问题的能力，才能真正发挥作用。

　　也许有人会提出异议：大学期间大部分精力都用在学习知识上了，哪有机会去实践？

　　其实在大学期间，大家完全可能通过一些兼职工作来积累社会经验。例如，小陈学的是工商管理专业，他从大二开始就在某日报社实习，一开始抄信封，然后做校对，再接着找资料，最后做上了实习记者，在毕业找工作的时候同时受到了三家公司的青睐，薪水都非常诱人，因为他有丰富的实践经验。

　　总之，我们鼓励"人往高处走"，对自己评价高的人，往往是有一定能力和志向的人，希望到环境好、待遇好的企业供职，这是人之常情。但凡事要讲究度，否则过犹不及。对自己评价太高的人，有一种"超价值观倾向"，实际是对个人能力的不恰当评价，这对找工作很不利。

　　找工作，必然要考虑工资和环境，但发展前途更重要，必须长远考虑。发展主要是指业务发展，包括所学专业能否在工作中起作用。每个刚毕业的大学生，都应该为自己的发展留足空间。

跟"非名企不去，非大城市不去"的学生截然相反的是，有一类学生看到市场竞争激烈，就产生了恐慌心理，一到招聘会，不管有没有人看，也不管专业对口与否，就开始四处散发简历。在他们看来，只要有单位愿意接收，就万事大吉了。这反映了当代一部分大学生的挫败心理，面对激烈的竞争形势，低估自己的能力，这也是不能正确认识自己的结果。这些人心态比较消极，凡事总往坏的方面去想，当机会来的时候不能好好把握、积极争取，而是任之溜走。对他们的忠告是：求职，不仅仅是把自己随便推销出去，还要兼顾个人将来的发展。

对于待业中的大学生来讲，应认识到以下几点：

第一，要相信自己，敢于迎接挑战。在心理上必须要做好准备面对各种困难，在面对困难时不失去自信，要学会正确对待挫折，自觉地正视社会现实，转变观念，做好参加竞争甚至失败的准备。

第二，要及时转换角色。对于大多数的学生来说，大学阶段过的是一种单纯而有保障的生活，学习、生活、交际都较有规律，这样的生活方式与现实社会存在一定的距离。在大学生活结束之际，踏上岗位之前，最重要的就是，能够迅速完成自我角色转换，做好就业的心理准备。

第三，要对自己有很清醒的认识。就业前如何选择职业，要根据自身的个性特征来决定。全面了解自己的心理特点是选择职业的重要前提；兴趣是爱好的推动者，爱好是兴趣的实行者。人们对职业的选择往往从自己的兴趣爱好出发，这就更需要认真分析自己的兴趣爱好。对自己充分的了解，是每一个求职者进行职场定位的依据与前提，而大学生在面临巨大的就业压力时，往往很少能真正做到全面了解自己，这需要我们冷静地思考问题。

第四，学习以平常心应对挑战，处乱不惊。摒弃大学生那种"天之骄子"的贵族感，把过高的求职期望降到与自己能力相当的合理水平，可以避开人才竞争最激烈的地方。有脚踏实地的务实态度，不等待机会和运气的降临而是主动出击，不因为怕苦怕累而放弃从基层做起、经受历练的机会，并能对求职过程中的一时成败淡然处之。

PART 03
教育经济学

民工荒：知识真的不值钱了吗

　　"2000元一个月招不来一个送水工""过一个年，外来工起薪大涨13%"，春节后，广州劳动力市场上的这一幕幕让不少企业经营者感叹：廉价劳动力一去不复返了。

　　方宇原在北京做建材生意，去年以来，他一直为招不到搬运工人而发愁。"就是那种搬搬抬抬的，有点力气就行，1000元一个月都没人愿意干。前两天来了两个人，工资开口就要1500元一个月。这工资也未免要得太高了点。"与几年前相比，方宇原更想不通。"我2001年开始做建材买卖，那时候招农民工，一个月五六百元，大家都抢着干。"

　　不过，有的企业在招人时并不会遭遇这样的难事。王芳是北京一家企业的人力资源经理，她说："今年月薪1200元招前台接待，一天收到简历就达上百份，而且大多数是大学毕业生。3年前我们按这个标准招人，挑选余地可没这么大。而且听说，有的企业现在将前台接待的月薪降到800元，来应聘的人照样不少。"

　　劳动力市场正出现这样一种"怪现象"：脏活累活重体力活，劳动力市场价格正一路上扬；相对体面轻松的工作，工资几年不涨甚至下跌，也不愁没人干。

其实这种怪现象与"民工荒"有着千丝万缕的关系。

从1989年第一次"民工潮"出现后，20年来，"民工潮"已成为中国社会一种常态的经济现象和社会现象。"民工潮"反映了中国数量庞大的农民群体的社会流动轨迹，以及传统的农业大国向工业化迈进的历程。但从2003年起，一种被媒体称之为"民工荒"的现象却开始在东南沿海部分地区出现，并且出现了进一步蔓延的趋势。

由"民工潮"转为"民工荒"，在这一重大变化的背后，究竟是什么力量在发挥作用，这一转变说明了什么？

说农民工短缺是不切实际的，事实上，现在农村劳动力严重过剩。当前所谓的"民工荒"只是一种假象，其背后有着深层次的原因。

工资偏低是民工流失的重要因素。外来务工者的工资收入呈现下降趋势。"民工荒"后人们才惊奇地发现，在各地GDP快速增长的同时，民工工资却十年不变。沿海一些地方，还在事实上形成用工上的新"双轨制"，深圳市雇用一名外来工的月薪平均600元，而雇用同一工种的本地工人，月工资却高达2000元左右。

一对父子前后相隔十多年到珠三角地区打工，其间当地人均GDP已经翻了两番多，但父子的打工报酬不仅几乎没有变化，而且工厂提供的生活条件仍然很简陋，还经常加班加点。企业工作环境差，进城大多从事一些又脏又累的活，相关的问题长期得不到解决，于是，随着"三农"政策的落实和种田相对收益的提高，以及其他地区的打工报酬及打工条件相对好一些，一部分农民宁愿留在农村种田，一部分农民则转移到长三角等地打工。

用工缺乏长效机制也是其中的原因之一。以现有的农民工工资水平，节

高薪招聘大量普工

民工荒

衣缩食有所节余，但无法支撑他们在城市的生活。福利待遇上有巨大差别，没有社会保障，没有医疗保险，不能享受经济适用房，子女上学还要交高额赞助费。以夫妻均进城打工为例，月收入大约1800元，但考虑到住房、医疗、子女入学等，他们仍无法像城里人一样在城市中生活下去。农民工最终只能靠农村土地解决生老病死。

另外，最重要的一点在于劳动力市场供求关系错位。从某种意义上说，目前城市民工紧缺，是技术工、熟练工的紧缺，是企业用人素质提高、产业工人素质跟不上的反映。一些专家学者提出：所谓的"民工荒"是个伪命题，"技工荒"才是事情的真相。在福建、广东等一些缺工严重的地区，当地的地方官员也极力坚持这样的观点：我们并不缺工，我们缺少的是技术工，普通劳工仍是供过于求。

劳动就业相关部门负责人认为，缺工是结构性的，而且只是那些管理不规范、不善待民工的小企业，一些条件好、管理规范的企业并不存在招工难的问题。但现实的情况却是，管理不规范、劳动条件差的中小企业数量众多，而它们恰恰是最大的用工者。它们提供的低廉的劳动待遇、恶劣的劳动环境，根本无法吸引和留住有一定技能的熟练工人。

改革开放30多年，沿海一些地区基本完成了工业化，但为什么还会出现技术工人的大量短缺，这本身就是农民工体制派生出的一个问题。我国现在的农民工体制既不能激励农民工学习技能，又不能促使企业重视农民工的技能培训。政府方面，缺少对农民工进行职业技能培训的机制，一些政府甚至还通过各种理由向农民工收取费用，从农民工身上获得利益。企业方面，最大限度压低用于农民工身上的各种支出，以控制成本、提高效益，农民工无法获得培训、提高的机会，日复一日、年复一年重复着低水平的劳动。大量年轻的农民工，在被透支了体力和脑力后，不得不重回农村。

出现"民工荒"的沿海发达地区，实际上陷入了一个低技术的陷阱。其实，这是目前经济发展中普遍存在的一个问题，过分倚重廉价劳动力，而在技术创新和管理创新上少有作为。企业发展需要工人，更需要技术工人，但大量没有受过职业技能培训的农民工却无法变成真正的技术工人，所以"技工荒"也就顺理成章。

透视"民工荒"现象，我们看到了其产生的深层原因。那么，面对"民工荒"，又应该采取什么样的对策呢？

首先，通过对用工环境的改善，来维护劳动者权益。各级政府应树立"以人为本"的科学发展观，按常住地原则将外地农村务工人员纳入城市管理和服务的范围，在子女就学、社会保障等方面给予平等的市民待遇。在招商引资过程中要注意保护劳动者权益，防止以牺牲劳动者权益的承诺来吸引外资。

其次，要重塑劳资关系新格局。从某种意义上说，当前的"民工荒"是一些企业长期忽视民工权益必然要付出的成本和代价。显然，这种劳资关系是不符合现代社会的发展规律的，需要重塑。和谐的劳资关系也是生产力。对原有的劳资关系重塑应该建立在平等的"契约化"就业基础上，即双方通过平等协商签订劳动合同，明确权利和义务。

再次，改变目前的低成本、低技术的增长方式，大力提高外出务工农民的技术素质，提高劳务输出的有效性。长期以来，我们的经济增长实际走的是一条低工资、低教育、低技术、低劳动生产率、高劳工淘汰率的路线，对有劳务输出的各地政府而言，加大技术培训的投入，让民工都能有一技之长是他们不可推脱的责任。各地政府应充分利用国家振兴职业教育的有利时机，有针对性地培养急缺的电子、服装、食品、玩具等行业工人和技能型人才，加大宣传力度，逐步形成具有区域优势的劳务品牌。作为企业来讲，除了投资更新技术、提高劳动生产率和员工收入外，还要注重增加员工知识和技能培训的支出，因为再先进的技术也要靠人去掌握和运用。未来谁拥有了高素质的员工队伍，谁就能在市场竞争中取胜。

名牌效应：高学历总会拿高薪

当斯宾塞在哈佛大学读博士的时候，他观察到一个很有意思的现象：很多MBA的学生在进哈佛之前很普通，但经过几年哈佛的教育再出去，就能比教授多挣几倍甚至几十倍的钱。这使人禁不住要问为什么，哈佛的教育真有这么厉害吗？斯宾塞研究的结果是：教育不仅仅具有生产性，更重要的是教育具有信号传递的作用。

这就是名牌的作用。名牌大学或明星企业也可能出现次品，但这样的概率相对来说要低得多。而且，一个名牌的建立，是其多年有效信息费用累计的结果，没有人愿意轻易毁掉自己的信誉，所以，即使出现了问题，解决的成本也会很低。

所以，在市场经济中，企业认为品牌是最有效的信息传递手段。

基于这种观点，一些企业招聘会上专设"入场资格审核区"，非名牌大学毕业生连入门的资格都没有。审核官们审核的程序非常简单：首先看学校，如果不是名校出身，就会被拒绝。

对此，一位资格审核官明确表示，此次招聘会只是面向名校学生，只接待全国排名前20名的高校的学生……像北大等名牌大学的学生肯定能进场。

企业的这种做法，引起了许多学生的不满，他们对该企业这种只认"牌子"的做法非常气愤，认为是歧视。

"连面试的机会也不给我，怎么知道我的水平？"一位同学说，自己的成绩很好，而且有丰富的社会实践经验，"但门还没进就给拦下来，这公平吗？"

这确实不公平，但是企业有其自己的道理，而且在一定意义上，这些道理并非完全不正确。

企业这样也是有苦衷的，因为他们一直被找不到合适的人困扰着。他们表示，限制名校是无奈之举。这还要从信息不对称说起。因为应聘者往往比企业更清楚自己的能力。设想市场上有两种应聘者：高能者和低能者。二者都积极地向雇主传递自己能力很强的信息，尤其是低能者要想方设法把自己伪装成高能者。这时候，教育程度和受过什么样的教育就成为一种可信的信息传递工具。为减少人才招聘中的失误，提高新人的质量，在考虑企业人力资源结构的情况下，博士优先于硕士，硕士优先于学士，名校毕业生优先于非名校毕业生，毕竟前者的平均质量要高于后者。这时，学历是一个优先信号，即当没有其他信号可以作为对应聘者的合理评价标准时，应当重视学历的作用。

当然，高学历也不一定意味着高能力，名牌大学有时候也会出现一些能力较差的学生，这是因为学历所发出的信号因受到一系列因素的影响而不能完全真实地反映一个人的学识、能力和水平。

这些因素包括同一级学历代表的人力资源的质的差异性；授予文凭的机构对人的评价标准与用人机构对人力资源的要求存在差异等。

尽管有这些因素的存在，但企业在招聘时还是会考虑到学历的问题，毕竟没有其他更好的办法了。

企业在招聘时，受信息不足的影响，会以学历作为依据。但是当一名应聘者成为企业的一员，企业就应该掌握该员工的其他信号，借助学历和其他信号对其进行综合考核。这时，衡量企业员工的标准不应过分偏重于学历，而应引入其他的标准。

根据学历考查公司的员工。一般来说，学历高的员工比学历低的员工掌握的知识更丰富，能力相对来说也较高，平均生产率也会较高。但是，如果一个公司在评估员工的时候过多地依据学历，就会产生基于学历平均水平的统计性歧视。因为把一部分人作为一个整体给予特别优待，对其他人来讲是一种歧视。事实上，学历较低的人中也有许多优秀者。统计性歧视会让人们产生成见。对于一个学历较低的人来说，当他知道公司在很大程度上根据他的学历对他进行判断，而能力、工作经验都可能被忽视，他会减少那些能提高劳动技能和劳动质量的活动，从而对企业的经营产生负面影响。

素质＝工资：毕业后的第二次高考

据媒体报道，2009年国家公务员报名通过审核的人数创纪录地超过了105万人，各职位平均竞争比例为78：1，为历年来公务员考试报名人数最多的一次。

近年来，持续火爆的公务员考试已经在大学校园里"催生"出了一个特别的族群——"考碗族"。考上中央国家机关公务员被称为"金饭碗"，直辖市省级公务员是"银饭碗"，地市级是"铜饭碗"，镇街道一级是"铁饭碗"。多数"考碗族"的价值标准是：单位级别越高越好，越是经济发达省份越好，离家越近越好。

面对如火如荼的公务员考试，不少"考碗族"不惜投入大量的时间、精力和金钱。这不但让旁观者迷茫，就连"考碗族"自己也纳闷：花这么大的投入甚至是牺牲值得吗？公务员工作真的适合自己吗？考公务员就是最好最稳妥的出路吗？

　　答案是未知的。在考碗族火爆的背后，我们应该看到问题的实质——大学生毕业人数与工作岗位的供求关系。

　　供求关系是指在商品经济条件下，商品供给和需求之间的相互联系、相互制约的关系，它是生产和消费之间的关系在市场上的反映。在竞争和生产无政府状态占统治地位的私有制商品经济中，价值规律通过价格与价值的偏离自发地调节供求关系，供大于求，价格就下落；求大于供，价格就上升。

　　我们先看大学生供给：从量上看，毕业生人数逐年增加，可以说"供应量"是有保证的。再看需求：经济的快速发展，创造的就业机会越来越多，但随着2008年美国次贷危机的爆发，包括我国在内的全球经济形势大受影响，新增岗位的数量远低于毕业人数，总体而言供大于求。

　　所以，就会出现多个学生争夺一个工作机会的场景。其实，在毕业生即将走出校门的那一段时间里，他们都在盘算着不同的出路，盘算着不同机会成本的毕业选择。一般来说，毕业时都面临几种基本的选择：出国、考研、就业、创业等。在这几种选择中，根据各个人的不同的情况，其所形成的机会成本也是不一样的。当有很多人认为考公务员收益更大时，就出现了考碗族火爆的场景。

　　另外，由于传统思想上认为大学生都是社会的精英，致使大学生对自身的认识不够客观，从而造成非理性选择导致的摩擦性失业。部分大学生在找工作时，还存在着非理性的选择。据一项调查显示，大学生在就业时存在着追求发达地区、迷恋大型企业和追求热门职业等一些现象。就连考国家公务员，也存在着盲目跟风现象——不知道自己为什么要考，只是看见大家都在考。

　　经济学是一门利己的学问，根据利己，每个人在条件允许情况下都会谋求自己的最大化利益。从这个角度上说，大学生就业时选择发达城市、大型企业、热门职业，都是利己的表现，无可厚非。

　　但同时经济学也是追求理性的学问。大学生不顾自己的专业和自身条件，盲目地一窝蜂似的去追逐大型企业、热门职业，并非是理性

选择。这种现象往往导致一些较不发达城市及一些中小企业和一些普通职业应聘者寥寥无几。这就不难解释了尽管在2009年国家公务员报考火爆但是仍出现了87个无人报考职位及13个报考合格人数未达到计划人数的职位。

由于供求关系失衡，供大于求，为了早日实现就业，很多大学生别出心裁地运用了经济学方式推销自己——不要工资。零工资降低了企业的用人成本，应该很有吸引力，但事实并非如此。

小张是某大学2008届传播系的毕业生，毕业时，在市内某电视台实习，到现在已实习了一年多了。虽然已经毕业，但目前的身份还是"零工资"的实习生，虽然每次出外景可以拿到一些补贴，但那也只是勉强维持生活。他无奈地说，拿些生活补贴，总比在家闲着好。没有工资算是自己为积累工作经验所交的学费。

应该说，小张的心态很好。但是，我们更应该反思我们的身价：贱卖自己是最好的选择，还是最糟糕的选择？我们知道贱卖自己出现的根源：作为生产要素市场的劳动力市场，在供需问题上和产品市场一样，同样受价值规律的支配。一般来说，在供大于求时，降价才能实现售出的目的，因而许多毕业生面对严峻的就业形势不得不一再降低自己的心理预期。这和集市上降价处理大白菜的道理是一样的。

但是，我们应该看到劳动力市场是一个信息严重不对称的市场，一旦求职者怀有贱卖心理并在行动上有所表现，哪怕你再优秀，也很容易被招聘单位认为是劣质品而被拒之门外。从信息经济学的观点来看，面试时，对求职者而言，则是向招聘单位进行信息发送的过程。应聘是否成功往往取决于求职者发送的信息以及如何发送信息。

从激励的角度讲，当给高素质的人才开出高薪时，可以起到提高工作努力程度的激励作用。当薪水足够高时，员工们不敢暗自偷懒，因为一旦被发现工作成绩不佳就有可能被潜在的竞争者所取代。由于失去工作后的损失巨大，员工就会加倍努力保证其工作成绩达到最佳状态。福特汽车的创始人福特当年一下子将工人的日工资从2.5美元提高到5美元，结果发现企业的成本不仅没有增加，反而生产效率提高了几倍，正是反映了经济学激励效应。

大学生能否就业，不在于要求的工资高低，而在于自身素质的高低。

PART 04
人际关系经济学

成本与收益：为什么要送礼物给别人

在日本，讲究"送礼"是众所周知的，每年的中元（6月底至7月中）和岁末（12月底至1月初），是日本人送礼的高峰时期。

日本人送礼的对象主要是关照过自己的上级、长辈以及同僚好友等，礼物多为食品、土特产品、生活日用品等，礼物的价格并不贵，其象征意义大于实际意义。日本人迁入新居时，也要向邻居赠送小礼物，表示关照和友好；还有外出旅游后，日本人也往往会带回一点小礼物送给同僚或邻居，表示大家"有福同享"。

因为日本人收到别人的礼物后要"还礼"，回赠对方一件与收到礼物的价格大致相同的礼品。你送的东西太贵重了，对方回赠你的东西也要贵重，为了不让自己的送礼成为对方破费钱财的负担，日本送礼的标准是：礼物不能太贵重，既表示了自己的心意，又不会引起对方的不安。

深受中国传统文化影响的日本人有如此深厚的"送礼文化"，在中国自不必说。元旦、春节将至，走亲串友，少不了拎上一份或多或少的礼品。但送礼和被送的人或许都没有仔细想过，到底应该不应该送礼？该送什么礼才能达到自己效用最大化呢？

所谓的礼尚往来早就成为国人做人的一个基本准则。究其原因，应该有以下三方面。

一是人格上的成本与收益。公共汽车上你给一个陌生人让了座位，你也许并不希望下次碰上他，他会给你让座，再说，能碰上的机会太小了。但你绝对需要他的一声"谢谢"，获得心理上的平衡。

二是物质形式的礼品。中国人办红白喜事，都会准备一本礼簿，谁送了多少礼金，送了什么礼品，都会一一记录在案。等对方将来办事，也会备一份相当的礼品给对方，作为回报。尤其有趣的是，一般人在送礼时，都会根据关系的亲疏程度和对方的实际情况，反复掂量，看到底送多少合适，一副相当务实的态度。

三是维持人际关系的需求。不论是古代还是现代，礼始终是贯穿与维持人际关系的一个尺码，礼节和送礼也不是一门简单的学问。人们之所以这样崇尚礼，也是为了一种预期的收益。对于送礼的掌握程度以及运用技巧的差异，则决定了一个人在人际关系中优劣势态的不同。

从经济学的角度来看，最好的礼物就是其效用能得到最大限度发挥的礼物。第一，在送礼前，尽量掌握收礼人的个人偏好信息，然后，投其所好就能使礼物的效用最大化。第二，如果有关收礼人的个人偏好的信息难以获得，那就送他最稀缺的物品。这是经济学上的"钻石和水的悖论"告诉我们的简单道理，一种物品的效用主要取决于它本身的稀缺性。第三，如果你连收礼人什么最稀缺的信息也不知道的话，那就送他变现程度较高的礼物（或者用凯恩斯的话说就是流动性最强的礼物）。因为一种物品的变现程度越高，他就越可以方便地将它换成自己最急需的那种物品，从而，送礼人的礼物效用就能得到最大限度的发挥。

人常说"好朋友，勤算账"，也是一种理性。崇尚"礼尚往来"是因为人与人之间说到底是一种利益关系，朋友之间如果账算不清，彼此都感到自己好像是吃了亏，久而久之，好朋友也会反目成仇。

1993年，耶鲁大学的一位经济学家约尔·沃尔德福吉尔也曾对此问题进行研究。

一次，在过完圣诞节后，他向讲台下的学生们提出两个问题：第一，圣诞节期间你们多数人都收到礼物了，收到了多少？你预期它的价值是多少？第二，如果你没有收到礼物，在感情上你愿意花多少钱为自己购买这些礼物？

当把学生们的答案收集上来，经济学家不禁大吃一惊。因为，从学生们的答案里，他发现，平均来说，收礼者普遍低估送礼人的礼物价值。即使是最保守的人的估价也只有礼物实际购买价格的90%左右，而物品的真实价格中有10%凭空消失了！

并且，根据他的粗略估计，仅圣诞节期间，整个美国每年将至少有几十亿美元在迎来送往中被损耗掉了（美国圣诞节期间的礼物消费额约为400亿美元）。

10%的价格损失，在送礼的过程中，没有产生任何的效用，由此变成了资源的浪费。或许对个人来说，这个百分数并不算大，但如上面所统计的，当礼尚往来形成一种国家的行为时，就会造成巨大的资源浪费，并且这种礼尚往来不过是一种财富的再分配，它既没有导致贫富之间差距的缩小，也没有促使新的经济活动产生。

送礼者辛辛苦苦挑选的礼物，付出了成本和心力，不仅没有使礼物实现应有的价值，还造成了社会的损失，这样的说法，无论怎样理解，都让人沮丧。

如果送礼者能在送礼前对收礼者的口味喜好加以了解，投其所好，就能使礼物的价值发挥到最大。

除此之外，还有没有其他方法可以减少无谓损失？答案是肯定的，那就是人们可以将现金当作礼物，这样个人和社会福利损失就为零，从而实现资源的最优配置。并且对于现代人来说，红包的实际效用最大，也不必送礼者花费过多的心思，能省去不少心力财力。

晋人鲁褒写文章的时候，常常把钱称作"家兄"，后来，人们也常用"家兄"来指钱。

在某个县城中，有个大财主，为人吝啬贪财。他有3个女儿，分别嫁了3个有钱的女婿。一日，财主过寿，女儿、女婿们带着精心准备的礼物前来拜寿。

先上来的，是大女儿买的寿桃饼盒。财主见包装十分精美，很是喜爱，私底下问大女儿价钱。大女儿不敢明着回答，只比了一个大拇指，意思是白银一百两。财主一看，怒火不打一处来，这么贵的饼盒他哪里吃得下？于是他大骂道："你们带着礼物回家吧，告诉家兄，礼物太硬，我吃不下！"

随后，上来的是二女儿买的新衣，做工精细，样式富贵。财主爱不释手，又拽过二女婿问价钱。二女婿也不敢直接说，就比了一个大拇指和一个小拇指，意思是白银一百一十两，结果财主火更大了，喊道："我这造什么孽了！把女儿嫁给了你这败家子！你们也快回去吧，告诉家兄，礼物太沉，我穿不动！"

到第三个女儿时，小女婿只递给了财主一个红包。财主心里想，三个女婿中，小女婿最有钱，怎么空手来？正要发脾气，谁知他往红包里一瞧，里面是二百两的银票！财主立即喜笑颜开，将小女儿和女婿请进内厅，边走边拍着小女婿的肩膀说道："嗯，还是你家'家兄'最懂我心意！"

生活中，也有很多人不赞成小女婿的做法，认为直接送现金不能体现自己的心意，"有伤感情"，所以送礼物有损失的情形仍普遍存在。

然而，随着经济社会的发展，产品的增加和人们口味的差异化逐渐增加，想要购买到称心如意的礼物越来越难。可礼尚往来又是我国几千年来的文化传统，"不送礼""不会送礼"往往会被视为同社会现实格格不入。没办法，在现实社会的倡导下，人们应当也必须会购买礼物。

所以，今后人们在送礼之前，都应当"三思而后买"，以避免造成不必要的损失，带来"费力不讨好"的结果。

关系效用：人脉就是钱脉

一个刚踏上工作岗位的年轻人讲了他自己的一件事。第一天上班前，父亲把他拉到身边，问他："你知道在社会上立足的关键是什么吗？"

"是学历吗？"

"不对。"父亲说。

"是知识吗？"

"不对。"父亲说。

"是能力吗？"

"不对。"父亲还是这句话。

"那是？"年轻人大惑不解地望着父亲。

父亲说："是人际关系！"

为什么人际关系对人如此重要？用经济学家的话说，就是人际关系能够给人带来效用。什么是效用呢？效用是某一种物品给人带来的满足程度，如米饭能填饱肚子，是米饭给人的效用，服装能给人御寒，是服装给人的效用。生活在社会中，人际关系帮你办成个人不能办成的事，能助你走向成功。

在中国，"人脉就是钱脉"这句话，似乎是长者常用来训斥刚踏入社会的年轻人的。就算在国外，也有很多人认为，一个人是否能够成功，不在于他知道什么，而在于他认识了谁。

为人处世，特别需要花心思。很多时候，会交际确实比会做事重要，一个人缘好、有声誉的人，因为有人际关系作为资源，所以很多事可以轻而易举地做成。

美国学者卡耐基说："一个人的成功，15%是由于他的专业技术，85%则要靠人际关系和他的做人处世能力。"可见，一个人的社交能力是多么重要。

如果你知道人际关系的重要性，懂得运用人脉，你会发现，几个好朋友就可以决定你的"富贵指数"。

在纽约有一位白手起家的女士，她最初只带了几千美元到纽约，她在从事贸易的朋友那里得知美国市场对一些消费品的需求，于是立刻委托在中国内地及香港的朋友帮她寻找有商机的货品来源，但为了让产品更有销路，她需要找到更多的买主。于是她虚心地请教小区大学的教授，教授以自己的经验告诉她，可以通过展销会找销路，随后她又借着大学同学的人脉，在商展中顺利取得了摊位，因此才有机会把产品全部销售出去。

现在，她的公司有稳定的收益，拥有上百位客户。能拥有现今这样的成就，其实靠的只是五位好朋友。这五位好朋友中的三位成为她生意上的伙伴，共同创造了商业上的最大利益，另外两位朋友则经常与她分享彼此的财经信息与人生经验，成为人生道路上相互扶持的知己。

大多数营销业务上的失败，原因往往不是在于不懂推销，而是在于不懂得如何拓展人脉。有人说，20岁靠"体力"赚钱，30岁靠"经验"赚钱，40岁以后，则是要靠"人脉"赚钱。如果你能善用自己的魅力积极建立自己的关系网，就不怕赚不到钱！

良好的人际关系能开拓你的视野，让你随时了解周围所发生的事情，并提高你倾听和交流的能力。

保持联系是建立成功关系网络的一个重要条件。当《纽约时报》记者问美国前总统克林顿是如何保持自己的政治关系时，他回答说："每天晚上睡觉前，我会在一张卡片上列出我当天联系过的每一个人，注明重要细节、时间、会晤地点以及与此相关的一些信息，然后输入到秘书为我建立的关系数据库中。这些年来朋友们帮了我不少。"

要与周围的每个人保持密切联系，最好的方式就是创造性地运用你的日程表，记下那些对你的关系至关重要的日子，比如生日或周年庆祝等。在这些特别的日子里准时和他们通话，哪怕只是给他们寄张贺卡，他们也会高兴万分，因为他们知道你心中想着他们。观察他们生活中的变化也不容忽视。当有人升迁或调到其他地方去时，你应该衷心地祝贺他们。同时，也把你个人的情况透露给对方。去度假之前，打电话问问他们有什么需要。

当他们处于人生低谷时，打电话给他们。不论周围谁遇到了麻烦，你都要打电话安慰他，并主动提供帮助，这是你支持对方的最好方式。

充分利用你的商务旅行，如果你旅行的地点正好离你的某位朋友很近，你可以与他共进午餐或晚餐。

只要是朋友的邀请，不论是升职派对，还是他子女的婚礼，你都要去露露面。

时刻关注对周围朋友有用的信息。应定期将你收到的信息与他们分享，这很关键。

优秀的关系是双向的。在你希望别人为你带来效用时，别人也在考虑你是否能给他们带来效用，这符合经济学上成本与收益的原则，即他们给你带来了效用，也必定要从你身上获得效用，因此，不要一味地希望别人为你付出，否则无论什么人都会疏远你。

有这样一个规律：你的年收入是你交往最密切的5位朋友年收入的平均值。打个比方说：你的5位朋友年收入分别是：6万、7万、10万、13万、14万，总和是50万，那你的年收入就应该在10万左右。当然，这个数字只是理论上的，但我们接触的事实大多也是如此。这个规律说明："选择朋友就是选择命运"这句话有着一定的合理性。

银行业是非常注重资历和经验的，但一个年轻人只用了不到10年的时间就登上了"金字塔尖"，他的成功经历引起了很多人的兴趣。

有记者采访这个年轻的银行家，问他："请问你如何用这么短的时间来获得成功的？"

"这需要花许多工夫，"年轻的银行家解释道，"但真正的秘诀是，我结识了一位良师。"

"在我大学快毕业时，有一位退休的银行家到班上做讲座。他当时已经70多岁了。他的临别赠言是：'如果你们有什么需要我帮忙的地方，请尽管找我。'听起来像是客套话，却引起了我的兴趣。我需要他给我建议，告诉我步入银行业时该走哪一步。可我又很怕碰钉子，毕竟他有钱而杰出，而我只不过是个即将毕业的大学生。但最后，我还是鼓起勇气给他打了电话。"

"结果怎么样？"作家问道。

年轻的银行家回答说："他非常友善，给我非常好的指导，告诉我应该在哪家银行做事，如何获得想要的工作。他甚至提议：'如果你需要的话，我可以当你的指导老师。'"

"后来我们有非常良好的关系。"银行家继续说，"我每周都给他打电话，而且每个月都会一起吃午餐。他从来没有出面帮我解决问题，不过他使我了解要解决银行问题有哪些不同的方法。而且，我的指导老师还衷心地感谢我，因为我们的交往使他保持年轻。"

世人皆言"失败是成功之母"，这是从吸取教训、不断进步的角度说的。但是，只有为数不多的人才知道：成功也是成功之母。知晓这个道理的人们，恰恰很容易成为成功人士，这是因为，他们懂得"马太效应"的原理，并且能在现实生活中恰如其分地应用。

二三十岁的年轻人，或许暂时没有太多的基础。但我们为了进一步深造、累积财富潜力，需要从人脉、资金还有阅历、经验方面，开始着手建立自己的人脉宝库。有时一个人的失败并不是因为他不勤奋或没有才能，而是因为他没有抓住机遇，获得贵人的提拔。其实很多时候，成功者就在身边，前提是你必须有意识地去主动寻找。所以，为了将来你能成为成功者，请先让自己靠近成功者。

猎鹿博弈：乌龟要和兔子合作

春秋战国时期，越国人甲父史和公石师各有所长。甲父史善于计谋，但处事很不果断；公石师处事果断，却缺少心计，常犯疏忽大意的错误。他们经常取长补短，合谋共事，好像有一条心。这两个人无论一起去干什么，总是心想事成。

后来，他们在一些小事上发生了冲突，吵完架后就分了手。当他们各行其是的时候，都在自己的事业中屡获败绩。

一个叫密须奋的人对此感到十分痛心，他哭着规劝两人说："你们听说过海里的水母没有？它没有眼睛，靠虾来带路，而虾则分享着水母的食物。这二者互相依存，缺一不可。北方有一种肩并肩长在一起的'比肩人'。他们轮流着吃喝、交替着看东西，死一个则全死，同样是二者不可分离。现在你们两人与这种'比肩人'非常相似。你们和'比肩人'的区别仅仅在于，'比肩人'是通过形体，而你们是通过事业联系在一起的。既然你们独自处事时连连失败，为什么还不和好呢？"

甲父史和公石师听了密须奋的劝解，感到很惭愧。于是，两人言归于好，重新在一起合作共事。

这则寓言故事说明个体的能力是有限的，在争生存、求发展的斗争中，只有坚持团结合作，才有可能获得最终的成功。这便涉及了经济学中的正和博弈，为了更好地理解，我们不妨用"猎鹿模型"来解释在博弈中合作的必要性。

在古代的一个村庄，有两个猎人。为了使问题简化，我们假设主要猎物只有两种：鹿和兔子。如果两个猎人齐心合力，忠实地守着自己的岗位，他们就可以共同捕得一只鹿；要是两个猎人各自行动，仅凭一个人的力量，是无法捕到鹿的，但可以抓住4只兔子。

从能够填饱肚子的角度来看，4只兔子可以供一个人吃4天；1只鹿如果被抓住将被两个猎人平分，可供每人吃10天。也就是说，对于两位猎人，他们的行为决策就成为这样的博弈形式：要么分别打兔子，每人得4；要么合作，每人得10。如果一个去抓兔子，另一个去打鹿，则前者收益为4，而后者只能是一无所获，收益为0。在这个博弈中，要么两人分别打兔子，每人吃饱4天；要么大家合作，每人吃饱10天，这就是这个博弈的两个可能结局。

通过比较"猎鹿博弈"，明显的事实是，两人一起去猎鹿的好处比各自打兔子的好处要大得多。猎鹿博弈启示我们，双赢的可能性都是存在的，而且人们可以通过采取各种举措达成这一局面。

但是，有一点需要注意，为了让大家都赢，各方首先要做好有所失的准备。在一艘将沉的船上，我们所要做的并不是将人一个接着一个地抛下船去，减轻船的重量，而是大家齐心协力地将漏洞堵上。因为谁都知道，前一种结果是最终大家都将葬身海底。在全球化竞争的时代，共生共赢才是企业的重要生存策略。为了生存，博弈双方必须学会与对手共赢，把社会竞争变成一场双方都得益的"正和博弈"。

厉以宁曾经讲过新龟兔赛跑的故事：

龟兔赛跑，第一次比赛兔子输了，要求赛第二次。第二次龟兔赛跑，兔子吸取经验，不再睡觉，一口气跑到终点。兔子赢了，乌龟又不服气，要求赛第三次，并说前两次都是你指定路线，这

猎鹿博弈

次得由我指定路线跑。结果兔子又跑到前面，快到终点了，一条河把路挡住，兔子过不去，乌龟慢慢爬到了终点，第三次乌龟赢。于是两个就商量赛第四次。乌龟说，咱们老竞争干吗？咱们合作吧。于是，陆地上兔子驮着乌龟跑，过河时乌龟驮着兔子游，两个同时抵达终点。

这个故事告诉我们双赢才是最佳的合作效果，合作是利益最大化的武器。许多时候，对手不仅仅只是对手，正如矛盾双方可以转化一样，对手也可以变为助手和盟友，微软公司对苹果公司慷慨解囊就是一个最好的案例。如同国际关系一样，商场中也不存在永远的敌人。

旅行困境：做人不能太精明

怎样变得更"聪明"，如何判断人与人之间的利益关系和作出对自己最有利的选择？这个教人"聪明"的学问告诫大家，做人不能太"精明"，否则聪明反被聪明误，得不偿失，弄巧成拙。

经常乘飞机的朋友会发现，托运的行李会不翼而飞或者里面有些易损的物品遭到损坏，是很麻烦的事情，向航空公司进行索赔，航空公司一般是根据实际价格给予赔付，但有时某些物品的价值不容易估算，且物件又不大，那怎么办呢？

有两个出去旅行的女孩，A和B，她们互不认识，各自在景德镇同一个瓷器店购买了一个同样的瓷器。然而在机场她们发现托运的行李中的瓷器损坏了，于是向航空公司提出索赔。因为物品没有发票等证明价格的凭证，航空公司内部评估人员估算价值应该在1000元以内。无法确切地知道该瓷器的价格，所以航空公司请这两个女孩分别把价格写下来。

航空公司认为，如果这两个女孩都是诚实可信的老实人的话，那么她们写下来的价格应该是一样，如果不一样的话，则必然有人说谎。而说谎的人总是为了能获得更多的赔偿，所以可以认为申报的瓷器价格较低的那个女孩应该相对更加可信，并会采用两个中较低的那个价格作为赔偿金额，同时会给予那个给出更低价格的诚实女孩以价值200元的奖励。

这时，两个女孩各自心里就要想了，航空公司认为这个瓷器价值在1000

元以内，而且如果自己给出的损失价格比另一个人低的话，就可以额外再得到200元，而自己实际损失是888元。

A也很聪明，她想，航空公司不知道具体价格，那么B肯定会认为多报损失多得益，只要不超过1000元即可，那么那个最有可能报的价格是900元到1000元之间的某一个价格。A心想就报890元，这样航空公司肯定认为我是诚实的好姑娘，奖励我200元，这样我实际就可以获得1090元。

而B更加聪明，她猜到A要报890元，于是准备报888元的原价。

A看到表情诡异的B，心里又开始盘算了，估计她会算计到我报890元，于是就填真实价格了，哼，我要来个更厉害的，我报880元，低于真实价格，这下她肯定想不到了吧！

……

我们都知道，下棋、计谋之类的东西关键是要想得比对手更远，于是这两个极精明的人相互算计，最后都报了689元。她们都认为，原价是888元，而自己报689元肯定是报价低的一方，加上奖励的200元，就是889元，还能赚1元。

这两个人算计别人的本事是旗鼓相当的，她们都暗自为自己最终填了689元而感到兴奋不已。最后，航空公司收到她们的申报损失，发现两个人都填了689元，料想这两个人都是诚实守信的好姑娘，航空公司本来预算的2198元的赔偿金现在只要赔偿1378元就可以了。最后，两个人各自只拿到689元，还不足以弥补瓷器的本来损失呢，亏大了！本来她们俩可以商量好都填1000元，这样她们各自都可以拿到1000元的赔偿金，而就是因为她们互相都算计对方，要拿得比对方多，最后搞得大家都不得益。这个就是著名的"旅行者困境"博弈模型。

这个模型告诉我们一个博弈思想，做人不能够过于"精明"。太精明的人未必是真的聪明，有时精明过头了往往会变得更糟糕。当然现实生活中未必会真的出现这种超级精明的人，可以算到几十步以外，而作出自认为最终的最优策略。可能人们往往只能算计到中间某个价格，不至于会这么低，但其实道理是一样的。

人有时候需要一种合作的大度，尽管人都是"自利"的，但一个真正聪明的人的"自利"应该具有前瞻性和远见，能预测事物发展趋势后果。在这个"旅行者困境"中，尽管各自自利的选择都是去算计对方，但一个聪明的人应该能够预计到互相算计的后果只能使她们共同的博弈对象——航空公司渔翁得利。所以这种无谓的内耗是不值得的，一个聪明的人应该懂得去寻求合作，尽管合作总是要让自己预期的利益受到一部分的损失。但博弈论告诉我们，合作的最终结果往往比完全各自自利的结果更能使各自获得更好的收益。如果我们能从更高的角度去看待这种合作的行为，往往就可以实现更大的"自利"收益。

当今经济学之所以可以在整个社会科学中处于统治地位，就是凭借了这种客观的分析方法，而不是主观地拍脑袋去感觉。但是，我们所说的客观理性并不是说就不要伦理道德了，恰恰相反，我们认为伦理道德的形成本身就是一种博弈的过程。伦理道德本身就是一个博弈的均衡解，它是一种惯例、习惯、规范，也是制度的一种形式，它的重要性在于可以降低交易成本。

就像我们这个"旅行者困境"博弈中，如果双方都遵循"诚信"这个道德规范的制度，就都会选择888元，这样也不至于都落到689元的更大损失的境地。所以从这个角度看，诚信合作很重要，也就不会有主观的意识形态之争了，因为它的形成是一种必然，一种规律，是不以人的意志为转移的。

长期投资：吃亏是福

一天早晨，父亲做了两碗荷包蛋面条，一碗有荷包蛋在上边，一碗上边无蛋。端上桌，父亲问儿子："吃哪一碗？"

"有蛋的那一碗。"儿子指着有蛋的那碗。

"让爸吃那碗有蛋的吧，"父亲说，"孔融7岁能让梨，你10岁啦，让爸一次吧？"

"孔融是孔融，我是我——不让！"说着儿子一口就把蛋给咬了一半。

"不后悔？"

"不后悔。"儿子又一口把蛋吞了下去。

待儿子吃完，父亲开始吃。没想到父亲的碗底藏了两个荷包蛋，儿子傻眼了。

父亲指着碗里的荷包蛋告诫儿子说："记住，想占便宜的人，往往占不到便宜。"

第二天，父亲又做了两碗荷包蛋面。一碗蛋在上边，一碗上边无蛋。端上桌，问儿子："吃哪碗？"

"孔融让梨，我让荷包蛋。"儿子狡猾地端起了无蛋的那碗。

"不后悔？"

"不后悔。"儿子说得坚决。

可儿子吃到底，也不见一个荷包蛋，倒是父亲的碗里，上边一个，下藏一个，儿子又傻了眼。

父亲指着蛋教训儿子说："记住，想占别人便宜的人，终究要吃亏。"

第三次，父亲又做了两碗面，还是一碗蛋在上边，一碗上边无蛋。

父亲问儿子："吃哪碗？"

"爸爸您是大人，您先吃。"儿子诚恳地说。

"那就不客气啦！"父亲端过上边有蛋的那碗，儿子发现自己碗里面也藏着一个荷包蛋。

父亲意味深长地说："不想占别人便宜的人，生活也不会让他吃亏。"

这就是从表面吃亏中学到的智慧，即"吃亏是福"。不要因为一开始吃一点亏而斤斤计较，开始时吃点亏，是为以后的不吃亏提前投入成本，不计较眼前的得失是为了着眼于以后更大的收益。

生活中总有这样的人，他们做事时总怕自己吃了亏，一门心思绝不能便宜别人，生活中处处抢先，眼睛总是盯着利益生怕被人抢走。这样的人首先在做人上就吃了大亏，周围的人肯定对他很反感，合作几次后就再也不想与他继续了。合作伙伴一个个离他而去，那不是吃了大亏吗？

所以，我们应当将"成本—收益"法则谨记心中，记住将每一次的吃亏都看作是成本投入，做事不要怕便宜了别人，不妨放开心胸，给别人点甜头，就当是为未来的收益提前交上了学费好了。有些时候，糊涂处世，主动吃亏，是"便宜"别人又自己"得益"的有效"手腕"，因为合作中得到好处的友人还

不想占别人便宜的人，生活也不会让他吃亏

会再次跟你合作，甚至拉着朋友一起跟你合作，合作机会多了，利益自然来，何乐而不为呢？

小于是一家机械公司的销售经理。山东的一个客户打电话过来说想买一台设备，并且再把他们原来用的老型号的机器修理一下，让小于他们过去一趟，并且说得很着急。小于他们决定去一趟，一来帮对方维修一下机器，另外还能再签订一台设备的合同。

于是，小于带上他们的维修师傅和司机几个人开车去了山东，一大早出发，路上还下起了大雨，下午才到了。客户厂的主管设备的一位副总接待了他们，他们直接就先去看了他们的旧机器，并且帮他们连修理带清理地维修好了，等他们返回来跟他们谈购买新机器的合同时，副总说老板出门去韩国了，这次订不了，并说先请他们去吃饭吧。想到订新机器无望，天又黑了，还下着雨，他们也就没吃饭，连夜返回了，回来路上，几个人都大喊上当了，骗我们来这里修机器，他们根本就没想订什么新设备……小于跟他们说："也别太计较了，有时吃亏可能是好事，我估计，他们这次不上设备就算了吧，一旦哪一天他们决定买时，肯定会先想起咱们的……"

没过多久，那个厂的机器终于破旧得不能再用了，直接给小于打电话订了两台新设备，老板很爽快地说："那次你们帮我们维修机器不收费用，连饭都没吃冒雨前来的事，我们很感动，因此，这次毫不犹豫直接跟你们买！"

小于和他的同事帮别人修理机器却没有拿到订单，看似这个厂占了便宜而小于吃了亏，却没想到，正是小于他们的免费修理为拿下两台机器的订单起到了心理铺垫的作用。

"吃亏是福，持续吃亏是大富"不是句套话，而是经济学的大智慧。尤其关键时候敢于吃亏的气量，不仅体现你大度的胸怀，同时也是做大事业的必要素质。这是李嘉诚成就首富的秘诀，也是你成就未来的秘诀。

品牌效应：口碑传播的力量

秦朝末年，楚地有一个名叫季布的人，性情耿直，为人豪爽。只要是他答应过的事情，无论有多大困难，都会尽力办到。慢慢地，季布得到了"得黄金千两，不如得季布一诺"的好名声。

到楚汉之争的时候，季布投奔了楚霸王项羽。他给项羽出谋划策，让刘邦吃了不少苦头。刘邦后来打败项羽，做了皇帝，想起往事，于是下令通缉季布。

这个时候，季布的名声便发挥了作用。那些过去听说过季布为人的人，都暗中帮助他。季布逃亡到山东一家朱姓人家，乔装打扮给朱家当用人。朱家人明知道此人就是季布，仍愿意收留他。

后来，朱家还专门派人到洛阳去找刘邦的老朋友夏侯婴说情。夏侯婴劝说刘邦："季布的名声已经传遍天下，再追捕他会失去天下的民心，不如给他官做，更能体现汉家的气度。"刘邦觉得夏侯婴说得有理，便撤销了对季布的通缉令，还封季布做了郎中，后来又改做河东太守。

季布有一位同乡，名叫曹丘生。此人喜欢结交有权势的官员，借以炫耀和抬高自己，季布很看不起他。曹丘生听说季布做了大官，马上去见季布。

季布听说曹丘生要来，决定好好数落他一顿。曹丘生见到季布后，发现季布脸色阴沉，说话也很难听。曹丘生一点也不在意，一边打躬作揖，一边和季布聊着家常，他对季布说："楚地一直有你'季布一诺'的好口碑，您是怎样得到这么高的声誉的呢？您和我都是楚人，如今我在各处宣扬您的好名声，这难道不好吗？您又何必不愿见我呢？"

季布觉得曹丘生说得有道理，便热情招待了他，留他在府里住了几个月。曹丘生临走时，季布还送了他许多礼物。曹丘生也按照自己说过的那样去做，每到一地，就宣扬季布如何礼贤下士，如何仗义疏财。

这样，通过不断的口碑传播，季布的名声越来越大。因为有了好名声的支持，一直到汉文帝时，季布始终深受皇帝器重。由此可见，口碑传播的力量所在。

对于"口碑传播"向来有着生动、精彩的描述，如"一传十，十传百""好事不出门，坏事传千里"。口碑是一个有效的沟通工具，它和传统的沟通方法有着很大的不同，其间的差异，是口碑在人们的抉择过程中产生巨大影响力的原因：口碑是一个活的、直接的、经验的、面对面的过程。

很多电影和书的流行，都是靠口碑传播获得巨大成功的。由于口碑的力量，英国女作家罗琳写的《哈利·波特》系列丛书一本比一本畅销。当第4部

《哈利·波特》在2000年7月上市时，首印量即达380万册，在48小时内已告脱销。第5部在还没有出版前已经是万众期待，2003年6月21日全球同时首发时，第一天仅在美国就销售75万册，全球销售500万册。

很多人可能都有过向别人推荐好电影或好书的经历，那么，可能发生的情况是，你向你的朋友推荐后，你的朋友又推荐给他另外的朋友，然后，朋友的朋友又向别人推荐，一轮一轮地通过口碑传下去……

国内曾有一家权威调查机构，专门针对普通人的信息来源展开调查。结果显示，有43%的人以朋友和家人作为信息的来源。对于去哪旅游、买什么牌子的物品等问题，朋友以及亲戚是他们做出抉择的最主要信息来源。

有63%的受访女性指出，朋友、家人或同事的推荐是影响她们购买某类商品的因素之一；59%的电脑用户或打算购买电脑的消费者会从朋友、同学那里获得电脑产品的购买信息；其中40.4%的人最相信朋友的介绍；在空调、保健品、洗发水、房屋等产品的购买过程中，分别有53%、49%、35%和32%的消费者会通过朋友介绍获得相关产品信息。

很显然，口碑传播已经成为人们经常使用且深得信任的信息渠道。

口碑传播的力量表明，人们的言论一方面是消费性的，为了获得自我表达的满足；一方面又具有生产性，希望能够引起他人的注意。因此，众人通过言论的传播，形成了一个自由表达观点的市场。在这个市场上，每个人都希望自己的"产品"获得注意。而根据市场竞争的基本规律，市场会走向资源的集中，优胜劣汰，最后形成寡头的市场，即少数有影响力的媒体平台和品牌，以及大量的长尾市场。

在口碑传播的市场里，不同的信息产品，在不同的渠道里，吸引不同类型的受众。在如今的经济市场中，消费者同时也会是生产者。在这个过程中，只有人品出色的人，才能通过口碑的传播，成为优质的"品牌"脱颖而出。

从经济学的角度分析口碑传播的市场行为，会让我们在做人的过程中更有经济理性。

PART 05
两性经济学

两性的经济学解释

海岩的作品《玉观音》讲述了这么一个故事：

男主人公杨瑞在遇到女主人公安心之前是一个惯于风花雪月的人。而女主人公在他们认识之前，或许是命运的捉弄，在感情上也经历了很多波折与磨难。

安心，纯洁的化身，却受到现实无情的捉弄。她在感情上的经历，早已超出一般人的承受限度，当她无法承受时，她选择了逃离。而在她最孤苦无依，为生存苦苦挣扎时，她遇到了杨瑞。

杨瑞是很多男人学习的楷模，遇到安心之后，在对待感情问题上，他变得非常专一。真爱是什么？没有人能说清，最理想的定义可能是这样的：如果你真爱一个女人，那么连她的缺点也要一并爱。杨瑞对安心的往事不计较，表现得非常大方。这种态度不是伪装的，是对安心纯洁情感的自然流露。

可以说，《玉观音》是海岩作品中爱情与理想完美结合的典范之作。在现实生活中，这样完美的爱情故事可能是不存在的。然而我们宁可相信它的存在。

因为从某种意义上说，人们都认为爱情是无价的，是纯洁而神圣的。但是，爱情也可以从经济学的视角去解读，也许你会说那是亵渎了爱情，但不可否认的是，我们能体味到另一种意境下的世俗爱情。让我们一起看看，武汉大学经济与管理学院教授肖光恩博士独辟蹊径，对爱情的另一种注解。

（1）初恋：幼稚型产业，指在人生过程中，尚未拥有实现规模经济所需的经验或技术的恋爱。该产业通常需要教师或家长的保护，施与教育与责罚等关税壁垒。其结果通常是无疾而终，并被认为是宏观调控的成功案例。

（2）先动优势：根据边际收益递减规律，作为博弈中第一个采取行动的人，拥有他人不可比拟的优势。价值悖论通常于此时发挥作用，一箪食，一瓢饮，皆为莫大收益。这一悖论由以下事实解释：价格不反映亲吻的总效用，而反映它的边际效用。

（3）失恋：在不完全竞争、不对称信息下的市场经济必然不稳定。令狐冲原来颇得岳灵珊芳心，在华山派可谓如鱼得水，但自林平之到华山之后，他的卖方市场受到双重冲击。根据最大收益原则，买主岳不群和岳灵珊最终选择了林平之，即为其中一著名案例。

（4）多角恋：多角恋是在资源不足的前提下发生的。该商品是稀缺资源，该经济形式属于开放经济，其结果必将产生大量的失恋者。最后胜利的人通常会诅咒自己赢取的对象，他为该商品支付了超过它所值价钱，于是为之抑郁愤懑，并将因收益小于预期利润而影响后期恋爱的质量。败者将依成本最小原则行事，选择价格相对较低的商品。

（5）失恋者：分摩擦性失恋和周期性失恋两种。前者因技术经验不足引起暂时性失恋，在改善以后有重新上岗机会，令狐冲即是汲取了经验教训，遂被魔教公主任盈盈购买；也有部分经验丰富者为寻求更理想配偶进行工作转换而产生失恋，如楚留香、陆小凤等人。周期性失恋则由总需求水平低下造成。

（6）婚姻：长期交易，女性在GDP连续衰退之前，一种孤注一掷的选择。该交易的特点是一次买断，套期保值。另一种情况是男性在为性交与繁衍后代费用的权衡中，广度经济式的选择——同时生产性事和子息的成本低于单独生产两种产品的成本，隶属封闭经济。

（7）丈夫：归宿，一项或多项税收最终的经济负担者。双重收费的受害者，要为购买婚姻的权利支付一定的初始费用，向岳家支付彩礼及体力、孝心；还要为购买妻子单独支付使用费，即每个月工资奖金上交。

（8）离婚：夫妻双方或一方认为婚姻和家庭的存在，对于他或她而言是一种长期的成本高于收益的行为，在此前提下可能提出不再合作的意向。其诱因可能是丈夫、妻子各方面质量下降引起的价格衰退，或者是有另外更大的买方市场的出现，即婚外恋的产生。

其实，爱情就像生活中其他事情一样，不能用经济学来简单地衡量。在婚姻和爱情中，经济学原理永远只能去解释现象，却永远无法决定生活。用经济学来分析，只是为了让我们在生活中少些烦恼。

夫妻的经济意义：一夫一妻更利于谁

有这样一个寓言故事：

村里有个农夫，他和妻子生活在一起。由于这几年的收成不好，日子非常艰辛，时常是吃了上顿没下顿，农夫便整天想着做发财的美梦。

一天，农夫偶然在柴堆里拾到一个鸡蛋。他兴高采烈地跑回家，冲着在做饭的妻子说："我有钱了，我有钱了！"妻子急忙转过身，充满期望地问农夫："钱在哪里？"

农夫郑重其事地将拾来的鸡蛋拿给妻子看，说："喏，钱在这里。"

妻子十分失望："这算什么钱啊？"

农夫说："你这就没头脑了吧？你想，我拿着这个鸡蛋到邻居家，借他家的母鸡把它孵化了。等小鸡出来后，如果是只母鸡，那么小鸡长大后可以下蛋，一个月又可以孵出10多只鸡。然后，鸡生蛋，蛋生鸡，这样，不出3年的时间，我们就能得到300只鸡。想想看，300只鸡能换来多少钱啊！"

妻子尖叫着说："10金！"

"对，10金！"农夫接着说，"有了这10金，我们可以买来5头母牛，母牛又生牛犊，牛犊又长成母牛，6年后，我就可以得到100多头牛，几百金了！到时候，我再拿着这几百金去放高

利贷！"

妻子似乎也觉得真的有金钱在眼前晃动。

农夫又歇了一口气："有了这些钱，我就可以买田产房屋，买仆人、小妾，然后我便可以与你一起过上快活的日子了。"突然，妻子耳朵竖了起来，说道："买小妾？"她拧着农夫的胳膊骂道："什么，你还敢买小妾！"

说着说着，她越想越气，于是一把扑过去，一下把鸡蛋打碎了，说："那就不要留下这个祸害！"

妻子反对丈夫娶小妾，一下狠心，宁可把将来的财富砸碎。可见，她是坚决反对一夫多妻制度的。一夫多妻的情况，在封建社会十分常见，达官贵人三妻四妾不足为奇，现在人们为什么要主张一夫一妻？

为解释这些问题，下面我们假设一夫多妻的制度合法化。

根据前提，一个男子可以娶到多个妻子，则对于已经有一个妻子的男人来说，如果他要重婚，通常要提供更多的优惠给下一位妻子，以弥补对方由于与人共享一个丈夫受到的损失。这样，按照经济学的规律，男人娶的妻子越多，那他为下一个妻子付出的财富也就逐渐增加。于是，从成本上看，男子的经济负担加重。

当这些妻子被娶后，还要面对一个重要问题：如何分配共同的丈夫这一资源。对于丈夫来说，他精力有限，无暇顾及这么多妻子，最终也只会偏爱其中的一位或者两位，其他妻子就被闲置了。这对于妻子来说，会比在单配偶关系中更容易感到不满和焦虑。时间长了，多个妻子之间还容易出现纷争，为丈夫带来困扰。就算丈夫能够让妻子们"雨露均沾"，但终究能力有限，不容易让每个妻子都感到满意。这样，一方面，丈夫降低了对"妻子"这一资源的使用效率，另一方面，会让自己陷入无尽的纷争中，为了劝慰妻子们，造成为数不少的无谓损失。

更重要的是，女子一般都会同自己爱慕的、事业有成、帅气多金的男性结婚，如果允许多妻制婚姻，会让男女数量失衡。越来越多成长中的男子失去女性配偶资源（因为她们都嫁给成熟有魅力的男性了），于是，为了找到符合条件的女性，男性就会展开更为激烈的争夺。女性数量的减少，将致使男性面对的经济压力比现在更大，他们要花费更多的金钱和时间同那些条件上乘的成功者竞争。

有钱的男性是少数，可以享受多个妻子，但作为平常人，却一个妻子也没有。这种现象对绝大多数男性来说，并不是一件好事。若将婚姻视为一场交易，所有的女性都愿意同交易条件好的男子打交道，而不愿意选择交易条件差的男子。结果就是，"问候"有钱人的女性越来越多，穷人却无人问津。

系列剧《三栖大丈夫》，讲述了盐湖城一个一夫多妻家庭的故事。此片中，芭玻、妮基和玛姬妮分别是3个女主人公。她们的自身条件都不错，也都是各具特色的聪慧女子。在面临婚姻时，她们都选择嫁给成功的商人比尔·汉瑞克森。因为，他的金钱足够为这个四人家庭提供富裕的生活。或者，让他再多一个老婆，也不成问题。

看似自愿的选择，却仍旧给整个社会造成了伤害。根据婚姻市场的模型，总有像比尔·汉瑞克森这样受宠的人，也总有不受欢迎的人。这对市场资源的配置是十分不利的。

经过以上的分析，人们就能够明白，一夫多妻的制度，并不会让绝大多数的男人更得利，相反，从某种程度上看，不少的男人还是受害者。这也就进一步解释了为什么以男性为主的立法者会对此类法令采取支持态度。

官方统计数字表明，在埃及，娶两个妻子的男子不到总人数的2%，娶4个妻子的只占0.03%。即使海湾国家，官方正式登记的娶两个以上女子为妻的男子也不超过10%。出现这种情况，除了受教育程度高方面的原因外，经济因素起到了关键的作用。因为，随着现代生活成本的增加，很多男子发现娶一个妻子就已经捉襟见肘，要是娶多了，经济上没有足够的实力，也负担不起。

成本收益与资源配置："门当户对"有理

中国人自古讲究门当户对，所谓门当户对是指男女双方的家庭地位和社会经济状况相当。在古代，一个公主肯定不会嫁给一个屠夫的。进入现代社会，这种观念被批之以"过时""老套"。可逢到自己或自己儿女谈婚论嫁时，又总会自觉不自觉地落入门当户对的俗套。

从经济学角度看，门当户对的观念之所以经久不衰，有着很深的经济底蕴。因为爱情观念、婚姻习俗等文化现象，属于上层建筑的范畴，我们常说，经济基础决定上层建筑，爱情婚姻当然也应该由经济基础来决定。

两人牵手迈入婚姻的殿堂，意味着两人将长久地生活在一起。因此，人们对待婚姻是慎之又慎、极其理性的。从成本与收益角度看，门当户对有利于做到收支平衡。

富人家联姻，双方的付出与回报很容易做到彼此相当，比如男方家给了女方家多少彩礼，一般都可以得到相当的嫁妆。而一个富人家和一个穷人家结亲，富人家会认为穷人家是一个累赘，只是给予，没有回报。而贫穷的一方，也觉得日后要遭到人家的歧视，所以一般知趣的穷人，也不愿意高攀富人。在生产力很不发达，物质财富相当困乏的年代里，人们要改变自身的境况是很难的，一个家庭的富裕，往往需要经过几代人的努力。一个富家女如果嫁到一个穷人家，就很可能要受一辈子苦，一个富家儿如果娶了穷家女，也很可能一辈子受拖累，所以门当户对就更为人们所看重。

但是在我国传统戏曲里有富家小姐与落难公子私订终身于后花园一说，这是为什么呢？因为戏曲家往往会在下一折里安排落难公子中状元这一出戏。此时的"门不当户不对"并不代表以后不会门当户对。可见，收益与成本的均衡也是影响戏曲家故事安排的一个因素。

婚姻双方的成本与收益平衡了，两人之间就达到一种均衡状态，婚姻也得以稳固下来。但是现实是变化的，今天门当户对，明天也许会变得门不当户不对了。门不当户不对了，双方的均衡打破了，婚变也将随之降临。现代社会离婚率太高，是因为现代社会变化太快。

经济学不但讲求成本与收益的分析，还讲求资源的配置。

在经济学看来，资源配置的最佳方式是达到帕累托最优。所谓帕累托最优，是指在不使其他人境况变糟的情况下，而不可能再使另一部分人的处境变好。而如果一种变化，在没有使任何人境况变坏的情况下，使得至少一个人变得更好，我们就把这个变化称为帕累托改进。一般而言，如果一个社会的现状不是处在帕累托最优状态，就存在着帕累托改进的可能。

假设一男婚前的生活质量为X，一女婚前的生活质量为Y，婚后一起生活带来的共同所得为一个常量m。

由于他们共同拥有双方的资源，所以婚后的每人所得分别是（X＋Y＋

m）/2。

如果男女不门当户对，那么X、Y相差极大。不妨设X＝3，Y＝9，那么婚后的各人所得为（3＋9＋m）/2。

当m＜6时，婚后各人所得小于9。此时Y对婚姻是不满意的。

当m＝6时，婚后各人所得等于9。此时X得到帕累托改进，Y不变，Y对婚姻不是很积极。

当m＞6时，婚后各人所得大于9。此时X、Y都得到帕累托改进，皆大欢喜。

所以，两人的婚后所得至少要达到6，才能维持稳定的婚姻。

如果是一对门当户对的人，假设X＝Y，那么，只要m＞0，两者都能得到帕累托改进。显然，这样的婚姻最稳定。

据此看来，门当户对并不是什么封建残余，它是人们在几千年的婚姻生活中所形成的一种理性的选择，其背后有着深厚的经济学底蕴。在今天看来，门当户对有理，仍有其参考意义。

婚姻效用：离婚，难言的痛

几个人在聊天，谈到西方国家离婚率比中国高的问题，一位学者解释道："西方的爱神是个小孩子，嘴上无毛办事不牢，所以离婚率高；而中国的婚姻主要靠月下老人，自然牢靠多了。"

不过，现在月下老人也办事不牢了。如今，我国已一跃成为"离婚大国"，每年都有一百多万对夫妻劳燕分飞。换句话说，每两分多钟就有一宗离婚案。离婚者的婚龄在缩短。

面对这种趋势，有的人强烈渴望回到几十年前的那种稳定、传统的婚姻当中去。但经济学家们可不这么想，他们认为，如果离婚率跌得太低，也是一件可耻的事情。哈佛大学商学院政治经济副教授贾斯廷·沃尔弗斯称："我们知道有个指标叫作最佳离婚率，而且百分之百确定其比值不等于零。"他说得不错，婚后的事情谁也说不准。有时候，当夫妻之间发现自己曾经的选择真的错了时，他们应该怎么办？我们知道寻找自己的另一半与找工作有着异曲同工之"妙"。假设一下，在劳动力市场上，人们若不准辞职，也不能被开除，整个市场的运营效率一定不会太高。很多人会发现，自己没有能力从事某项工作，或者做某项工作感觉不到丝毫的快乐，然而被困在里面出不来。与此相比，婚姻市场也一样。离婚要付出代价是非常现实的事，但可以肯定地说，当一切无可挽回时，付出代价，也是值得的。

离婚呈上升趋势的原因很多，其中最重要的原因正如最高人民法院在一次报告中提到过的：一是越来越多的人反对封建婚姻的束缚，为追求幸福的婚姻和充实的精神生活，要求离婚，这种要求是合理的，从这点来看，离婚率升高也是一种社会进步的表现；二是少数的暴发户喜新厌旧，或喜新不厌旧，利用金钱玩弄异性，这是一种丑恶的社会现象，受伤害的一方，更应该通过离婚和法律手段来捍卫自己的权益。

以上是现实生活中导致离婚的一些具体原因，其实离婚也是有其理论依据的：从现代婚姻理论观点看，男女走向婚姻，是因为婚姻能给其带来某种满足。婚姻给男女双方的需求带来的满足的程度，称为婚姻效用。根据这一理论，离婚从逻辑上可以划分为"效用放弃"和"效用代替"两种形式。

所谓效用放弃，即由于婚姻中的双方或一方无法忍受婚姻障碍，而"主动地"选择放弃婚姻以及由婚姻带来的效用。效用代替，是指人们自觉或不自觉地将现有的婚姻关系与可能的选择进行对比。如果外在的选择优于现在的婚姻，那么婚姻很有可能破裂。也就是说，婚姻中的一方主体因为有了新的关系——可以提供新的效用，进而选择离婚。比如，某一方有了第三者，从而提出离婚。

从婚姻经济学观点看，婚姻关系是一种供求平衡的关系。恋爱时，男女双方会依据自身的"硬件"和"软件"确定自己的择偶标准，即婚姻需求，如果双方的供给都满足了对方的需求，在双方的心理上呈现供求平衡状态，于是婚姻关系成立。结

离婚大国

婚以后，双方纷纷除去伪装，缺点毛病暴露无遗。如果对方和自己的期望值相差不大，则按照"价格围绕价值上下波动"的经济学原理，通过适当降低自己的期望值，以恢复平衡，维持婚姻关系。如果发现对方和自己的期望值相去甚远，心理上无法忍受时，婚姻就会面临崩溃。

利用经济学观点也可以解释为什么现在女人越富有，离婚的概率就越高的现象。

婚姻的崩溃不仅是因为女人的收入增加了，而且因为她开始变得比丈夫更成功，女人在经济上的成就已成为离婚案增加的一个重要因素。

导致这种现象的原因可能是因为家中权力的转移致使女人不再满足只被埋没于繁杂细碎的家务中，转而期待在家中拥有更多的发言权，令丈夫在家中的地位发生了动摇。

另一个原因可能是随着女人赚钱能力的提高，她的自信也在一步步建立，即使离开丈夫她也有足够的能力养活自己。

凯瑟琳是美国阿肯色州立大学的经济学教授，通过对112740位女性经济状况的调查后发现，这些妇女之中，有95980位女性已婚，16760位离婚。而导致离婚率提高的一个重要原因，即是女人经济财政的独立。英国离婚人数已经持续多年不断增多，仅2004年一年，其离婚人数就增加了0.2%，共计167116人选择结束自己的婚姻。凯瑟琳还发现了一个规律：与家庭总收入对比，家庭中女方的收入每增加1万英镑，婚姻破裂的概率就相应提高1%。

凯瑟琳说："财政独立使得女性更易作出离婚的决定。此外，似乎女性的经济成就真的会导致家庭内的摩擦。"

此外，成功女性更易离婚还有其他原因。伦敦一家律师行的家庭律师古里特说："同20～30年前比较，离婚法例的诠释对妇女更有利，因此她们更有信心可以摆脱一段婚姻。"

经济适用：找个有潜力的男人结婚

比我老公顾家的没我老公有钱，比我老公有钱的没有我老公顾家，这是最近女白领们最热捧的"经济适用男"。

当年，程瑶是北京某知名大学的外语系高才生，现在却只是一个年过30的剩女。19岁那年，程瑶以优异的成绩考入北京某名牌大学，从小在严格家庭教育下长大的她对自己的要求亦格外严格。整整4年大学，她都没有交过男朋友，她认为大学里的恋情往往没有结果，她不愿意让自己的终身走太多弯路，所以不合适的恋情宁愿不开始。

毕业后，她在北京一家私企任职，由于外貌出众、家教良好，单位里为她介绍男友的同事特别多。七八年的时间里，她一共交往过3个男朋友，但都无疾而终。

第一任男友是她的同校师兄，他是那种个性极强势的男人，工作能力也很突出，他希望未来的妻子能是个家庭型的贤妻良母。她刚出校门时，跟所有的女孩子一样，也有想在事业上一展拳脚的愿望。每当他们遇到了冲突，他总希望她能迁就他，于是他们之间的冲突矛盾就越来越深。终于，这段初恋在一年后结束了。

第二任男友是通过单位同事介绍认识的，气质儒雅、事业有成，家境非常好。当时，周围不少朋友也告诫她说"过了这个村可就没这个店了"，她们都劝她要尽力去抓住这个好对象。由于有了初恋的挫折，她那时候认为，女人最大的幸福还是婚姻幸福，只有嫁得好才是硬道理。为此，她放弃了很多拼事业的机会。恋爱两年后的某一天，他忽然告诉她，准备接受家里人为他介绍的相亲女友，原因是，那个女孩子能力出众、能够成为他事业上的好帮手！她再次失恋，备受打击，整个人有点自暴自弃，做什么都提不起精神，用了整整两年才走出这段阴影。

第三段恋爱发生在去年，第三任男友跟她条件差距不大，说实话，跟他恋爱，我真是奔着结婚的目的去的，当时已经30岁了，虽然内心里还渴望更好的伴侣人选，但理智告诉我，没有时间再去浪费了！但没想到的是，相处半年，在她提出"结婚"提议时，他竟然犹犹豫豫地拒绝了，理由是"你不是处女"。

有很多像程瑶这样的女孩，一不留神就成了剩女。有数据统计，北京的剩女数量已达50万，其中接近90%是高知女性。

"剩女"是给那些大龄女青年的一个新称号，这些人一般具有高学历和高收入，条件优越。虽然她们也渴望婚姻，但更坚持原则，"如果男方条件不对等，便坚决不谈婚姻"。然而现实却击碎了这些人的想法。

在2009年金融危机之下，很多人手头拮据，买房的目标从"宽敞气派型"变成"经济适用型"。不少女白领的择偶目标也纷纷从"金龟婿"改为了"经济适用男"。

经济，这个词语有一条解释是，用较少的人力、物力、时间获得较大的成果。那么顾名思义，说某件东西经济适用，是指其价格虽然不高，但质量的确不错，买时没有压力，且用起来一点不差于高价货。虽然外观一般，也没有知名度，可是至少不用像买了高价货后不舍得用，还得小心伺候着怕坏。而经济适用一词最多是用在房地产市场，经济适用房没有商品房地段好，小区环境好，但也不用花那么多钱买，且遮雨避风功能完全不差。用在婚恋市场，经济适用男是那种工作稳定、收入一般，但有生活情调的顾家男人。

在女白领们的具体描述中，"经济适用男"的形象被清晰地勾勒出来：发型传统，相貌过目即忘，性格温和，工资无偿上缴给老婆；不吸烟、不喝酒、无红颜知己，月薪3000至10000元。经济适用男一般从事教育类、IT行业、机械制造、技术类等行业，有支付住房首付的能力。

28岁的网友"阿兰"是"经济适用男"的太太，她用自己的实际经验证

明：嫁了"经济适用型"老公温暖无比。她的老公32岁，是一个电子设计师。她说："3年前，我们3个好姐妹一起来广州，我们3个选择了3条不同的路，过着3种不同的生活。一个嫁了个有钱人，当时总觉得老公有钱，没想到，后来他在外面有女人，她就自己在家，一张碟接一张碟看，恨不得一把火把房子烧了，房子很大却连个说话的人都没有！另一个想找完美的'金龟婿'，结果至今未嫁。只有我嫁了'经济适用型'老公，还生了个儿子。老公责任感很强，哪怕吃个饭、上个厕所，都发短信告诉我一声。出差回来给我和儿子买大包小包的东西，晚上再累也会哄孩子，还乐呵呵地给孩子冲牛奶、换尿布。"

阿兰嫁了一个经济适用型男人，老公无微不至的关怀和照顾也让她这位"经济适用型"太太充满幸福和快乐。"经济适用型"太太认为身边的"经济适用型"老公，虽不及"金龟婿"那般气派响亮，但他们对老婆、孩子和这个家有责任感，令人放心。

正在寻觅佳偶的杨小姐说："以前一直想找个金融圈的精英，经济形势这么不景气，外企经理还说裁就被裁了。现在就想找个工作稳定的对象，知道心疼人，有安全感比什么都重要！"

女白领嫁给经济适用男，这让人感觉到多少有些不可思议，或者一时让很多女白领难以接受。但与其年年被剩，倒不如经济地过日子。过多的欲望，只会把幸福的婚姻冲淡了。

"经济适用男"这个时髦词汇不仅在婚恋领域越来越受认可，甚至被经济界名人们搬到了APEC中小企业峰会上。万通地产董事长冯仑、复星集团董事长郭广昌和新东方董事长俞敏洪3位经济界大佬在会上谈论中小企业人才话题时，对"经济适用男"不约而同地推崇备至。

"创业初期就想要很多能人，就相当于5岁的孩子羡慕别人娶媳妇。"冯仑认为，中小企业在人才方面不能急进，一些很优秀的人确实很诱人，但这并不一定适合你。"在这个阶段，你最要关心的是怎么样使你到20多岁的时候拥有娶媳妇的能力"。所以，"在企业中最核心的部分，往往就是那些经历了创业，并通过学习不断取得提高的经济适用男"。

郭广昌则认为，招了"经济适用男（女）"，并不能永远经济适用下去，还需要对其不断改造，不断提高。"要把更多的经济适用男改造成豪华男。这一点对于企业的发展来说非常重要。"

从另一方面来看，经济适用男也是有潜力的男人，他们有实力，但他们需要时间。假以时日，也许他们能够成功。这也是剩女选择经济适用男的理由所在，即买一支潜力股票，为以后的生活投资增值做准备。

沉没成本：为什么放手也是爱情的智慧

A君对B女子几乎是一见钟情，她拥有曼妙的身材，不说是有天使般的面孔，却也有自己的独有风情，自然这种女孩的背后是有一个连的男生在排队的。A君自称风流倜傥，才华横溢。他对女生向来有钢铁般的手腕，他和同行的哥们儿打赌，B女子不久就会成为自己的正牌女友的。

于是，鲜花、场景、偶遇……A君费尽心思猛烈出招，可B女子对这些很是漠视，无动于衷。A君继续想办法，竞选学生会主席、写浪漫的情书……这倒是引来不少的粉丝，可就是打动不了B美人的芳心。

一天，B女子的神秘男友终于浮出水面，长相平平，也没有A君的校园影响力。A君悲恸欲绝，竟然败在一个矬子手里，心有万般不舍，千般不甘。本想再加把劲横刀夺爱，但又被好友拦下，朋友们劝他还是放弃吧，何必打扰别人的生活呢。A君在网吧泡了几天后出来跟大家说：算了，自己不爱B女子了，想想她的眼睛好像大而无神，个头有点矮嘛，并且就她的眼光……被她看上自己都降了个等级，没品位的女人留给没品位的男人吧！

故事中的A君，他经历了心理不平衡的愤恨，以及很多天天不为人知的痛苦生活后，终于放下了这一段没希望的爱情。他的这种放下其实不仅成全了别人的爱情，更是放过了自己。

《伊索寓言》"酸葡萄"中的故事大家早就耳熟能详了，说的就是一只狐狸本来很想得到已经熟透了的葡萄，它跳起来，不够高，又跳起来，再跳起来……想吃葡萄而又跳得不够高，若是一个劲儿地跳下去，就是累死也还是跳不够那葡萄的高度。我们看看，最终聪明的狐狸是怎么办的呢？狐狸想：反正这葡萄是酸的，即使摘到也是"不能吃的"。于是，狐狸也就"心安理得"地走开，寻找其他好吃的食物去了。

　　实际上，吃不到的葡萄也就是无法挽回的沉没成本。俗话说，"百年人生，逆境十之八九"，在很多情况下，我们就像寓言里的那只狐狸，想尽了办法，费尽了周折，但却由于客观原因最终无法吃到那串葡萄。这时，暴跳如雷或是坐在葡萄架下哭一天，对于沉没成本的挽回都无济于事，倒不如像故事中的A君一样，把追求不到的东西当作是"酸葡萄"，求得心理上的平衡。

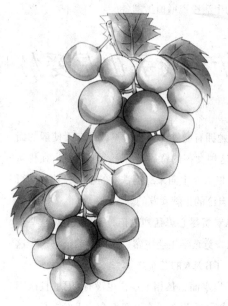

酸,不能吃……

结婚支出：结婚也有一笔经济账

结婚，男女结合，一件原本欢天喜地的事情却越来越让人感觉到不堪承受之重，高兴不起来。结婚的支出往往会透支一个家庭多年的积蓄。

武汉的李先生说："我们那会儿结婚连'三转一响'也没有，家里只有几件简单的家具，别说是婚纱照，能摆上两人的一张简单合影，就很幸福了。当时结婚能有手表、自行车、缝纫机和收音机，就算是家境不错了。"

现在时过境迁，"要想娶媳妇，起码得攒够22万元，看来我还得等12年才能结婚"。一成都男子说，他目前在一家民企工作，月收入在2500元左右。他说，自己来自农村，家里基本上没什么积蓄，前段时间他和女朋友谈起了结婚的事情，女方家里要求他必须买上房子以后才能结婚，婚礼还不能办得太差。

谈起结婚前的各项开支，他是又郁闷又气愤，"即使贷款买房，我也得攒够22万元钱，看来还得等12年才能结婚"。

谈及结婚的费用，他列出了这样一项开支清单：

1.买房，100平方米的楼房，按4000元/平方米计算，合计40万元。首付12万，剩下的十几年两口子必须一起还。

2.按中等档次装修房子，大概3万元。

3.置办家电家具需3万元。

4.办喜酒，以中等酒店25桌为例，包括自带酒、烟和糖等，计1000元×25（桌）=2.5万元；请司仪、扎婚车、婚纱照等约需1万元。回收红包以平均每桌1500元计，1500元×25（桌）=3.75万元，收支大体相抵。

5.度蜜月，以港澳、新马泰、云南、海南等热门线路为出行线路，平均每人费用以8000元为标准，计8000元×2（人）=1.6万元。

6.从谈恋爱到决定结婚这段时间，包括出去吃饭、买礼物、娱乐、旅游、送女友父母节日礼品等，平均每月以1000元为标准，谈2年，计1000元×12（月）×2=2.4万元。

7.如果买车？先不想。

这样算来，总费用为50万元；如果按月工资2500元、每月存1500元算，得存27年才能娶上媳妇。买房如果实行按揭的话，也得攒够22万元才能娶到媳妇，那也需要12年。房贷以20年为限，除去每月的房贷（1500元左右），再去掉生活费，基本剩不下什么钱。

"要真结了婚，不知道拿什么养家糊口。"该男子表示不知该怎么跟父母交代，更不知道怎么才能说动女方的家人。

有的父母有钱，各种消费由父母按高或中等标准操办，轻轻松松做新郎，如家住山东的一位做生意的老板，不久前儿子结婚，他帮儿子买了180平方米的新房，高档装修，同时为儿子买了中档小轿车、操办婚事；有的父母有旧房，刷新一下做新房，添点新家具、电器，办两桌酒席，几千元结个婚；有的双方都是新进城的，父母都在农村或外地且经济一般，只好买60平方米5万来元的二手房，或租房，不买车，其他也从俭办婚事。

农村青年结婚，绝大多数是父母量力操办，部分人要借点钱；有的很节约，有位朋友的家庭不富裕，儿子在外打工，谈了一个工友，结婚时儿子在外办两桌酒席请要好的朋友，送个红包到岳父母家，父母不请客，只买几百元的喜糖发给亲戚、朋友和邻居，不收礼金和礼品。

结婚本来是件好事，却因为不断上升的支出让好事变成了坏事。从单位宿舍到私有住房，从自行车、缝纫机、手表到等离子彩电、电脑、冰箱，物质追求的变化是当今结婚成本飙升的真实写照，在物质追求发生巨大变化的今天，有多少新人能够承受得起呢？

在经济学家的工具箱中，结婚成本上升不过是一个"交易费用"过高的例子。由于男多女少，男方不得不承担结婚的成本。为结婚买房、给彩礼、办酒席等全部的费用支出，往往需要男方几代人的付出才可以办到，而这显然导致男方父母生存压力加大，不得不一辈子为子女结婚储蓄。

四川省社科院社会学研究所副所长胡光伟表示，结婚是两个人或者说是两个家庭的私事，不应该有一个固定的标准，比如一定要求在市区有一套住房，或者一定要有一辆价格10万元以上的汽车等。重要的是要视自己的经济情况来定，不要和别人攀比。

不断上升的结婚支出既有盲目攀比的原因，也有男多女少的原因。但不断上涨的结婚成本的确成了适龄男女青年结婚的巨大障碍，把一件好事正逐渐变成一件坏事。

PART 06
理财投资经济学

马太效应：理财赚大钱

一些工薪族认为，每个月的工资不够用，即便省吃俭用也没剩下多少。即便理财，效果也不大，还有必要理财吗？

美国科学史研究者罗伯特·莫顿归纳"马太效应"认为：只要理财，再少的钱都可能给你带来一份收益，而不理财则再多的钱也会有花光的时候。再者，理财中还有一种奇特的效应，叫作马太效应。

一个方面（如金钱、名誉、地位等）获得成功和进步，就会产生一种积累优势，就会有更多的机会取得更大的成功和进步。

因此只要你肯理财，时间久了，也就积累了更多的财富，那么就会有更多的机会收获成功。

光成和青楠是同一个公司的职工，他们每月的收入都是2000元，光成刚开始每个月从工资中扣除400元存在银行做储蓄，经过3年，积累了近15000元。然后，他将其中的5000元分别存在银行和买了意外保险，再将剩下的10000元投资了股市。起初，股票上的投资有赔有赚，但经过两年多的时间，1万元变成了4万多元，再加上后面两年再投入的资本所挣得的钱以及存在银行里的钱，他的个人资产差不多达到了七八万。

而青楠则把钱全都存在了银行，5年下来扣除利息税，再加上通货膨胀，

马太效应

他的钱居然呈现了负增长。也就是说如果他和光成一样，每月存400元，那5年后，他的存款也不过近25000元，再扣除通货膨胀造成的损失（假定为0.03％）7.5元，则剩下24992.5元。

5年的时间，就让两个人相差将近5万多元！一年就是1万，那么40年后呢？就是更大的数字了。而且，光成因为积蓄的增多，还会有更多的机会和财富进行投资，也就是能挣更多的钱。青楠则可能因为通货膨胀，积蓄变得更少。

案例正应了马太效应里的那句话，让贫者更贫，让富者更富。即便是再小的钱财，只要你认真累积，精心管理，也会有令人惊讶的效果，并让你有机会、有能力更加富有。

组合投资：不把鸡蛋放在一个篮子里

组合投资有三句箴言："不要把所有的鸡蛋放在同一个篮子里"，意味着要分散风险；"不要一个篮子里只放一个鸡蛋"，即组合投资并不意味着把钱过度分散，过度分散反而会降低投资收益；"把鸡蛋放在不同类型的篮子里"，不同类型的篮子是指相关系数低的投资产品，例如股票基金与债券基金各买一些，这样的组合才能发挥组合投资的优势。

"股神"巴菲特在为他的恩师，同时也是其上一代最成功的投资大师本杰明·格雷厄姆的巨著《聪明的投资者》所做的序言中写道："要终生投资成功，不需要超高的智商、罕见的商业眼光或内线消息，需要的是做决定的健全心态构架、避免情绪侵蚀这种架构的能力。"在书中格雷厄姆也给投资者这样的忠告，即投资者应合理规划手中的投资组合。比如说50％的资金应保证25％的债券或与债券等值的投资和25％的股票投资，另外50％的资金可视股票和债券的价格变化而灵活分配其比重。当股票的赢利率高于债券时，投资者可多购买一些股票；当股票的赢利率低于债券时，投资者则应多购买债券。当然，格雷厄姆也特别提醒投资者，上述规则只有在股市为牛市时才有效。一旦股市陷入熊市时，投资者必须当机立断卖掉手中所持有的大部分股票和债券，而仅保持25%的股票或债券。这25%的股票和债券是为了以后股市发生转向时所预留的准备。

美国经济学家马科维茨1952年首次提出投资组合理论，并进行了系统、深入和卓有成效的研究。该理论包含两个重要内容：均值—方差分析方法和投资组合有效边界模型。马可维茨的真知灼见是风险为整个投资过程的重心，一项投资计划若没有风险，困难将不存在，但利润亦相应低微。风险意味着可能发生的事较预期发生的更多！我们并不期待居住的楼宇发生火灾，但火灾可能发生，为了避免这种可能损失，只有买保险；同理，我们不希望所持的股票跌价，然而它可能下跌，因此我们不把所有资金购买一种股票，即使它看起来前景那么美好。马科维茨用资本资产定价模型来解答投资者如何在风险和收益之间做出取舍，即如何建立一个风险和报酬均衡的投资组合。所谓理性投资者，是指投资者能在给定期望风险水平下对期望收益进行最大化，或者在给定期望收益水平下对期望风险进行最小化。

人们进行投资，本质上是在不确定性的收益和风险中进行选择。投资组合理论用均值—方差来刻画这两个关键因素。所谓均值，是指投资组合的期望收益率，它是单只证券的期望收益率的加权平均，权重为相应的投资比例。用均值来衡量投资组合的一般收益率。所谓方差，是指投资组合的收益率的方差。我们把收益率的标准差称为波动率，它刻画了投资组合的风险。

提供最高回报率的有效投资组合的投资基金在20世纪70年代风起云涌，如雨后春笋般纷纷成立，带热了华尔街甚至全球的金融业，令基金市场成为以万亿美元计的大生意。这是建立在马科维茨投资组合理论之上的。而马科维茨也因此获得了1990年诺贝尔经济学奖。

由于投资者类型和投资目标不同，我们合理选择投资组合时可以选择下面三种基本模式：

1.冒险速进型投资组合

这一投资组合模式适用于那些收入颇丰、资金实力雄厚、没有后顾之忧的个人投资者。其特点是风险和收益水平都很高，投机的成分比较重。

这种组合模式呈现出一个倒金字塔形结构，各种投资在资金比例分配上大约为：储蓄、保险投资为20%左右，债务、股票等为30%左右，期货、外汇、房地产等投资为50%左右。

投资者要慎重采用这种模式，在作出投资决定之前，首先要正确估计出自己承受风险的能力（无论是经济能力，还是心理承受能力）。对于高薪阶层来说，家庭财富比较股实，每月收入远远高于支出，那么，将手中的闲散资金用于进行高风险、高收益组合投资，更能见效。由于这类投资者收入较高，即使偶有损失，也容易弥补。

2.稳中求进型投资组合

这一类投资组合模式适用于中等以上收入、有较大风险承受能力、不满足于只是获取平均收益的投资者，他们与保守安全型投资者相比，更希望个人财富能迅速增长。

这种投资组合模式呈现出一种锤形组织结构。各种投资的资金分配比例大约为：储蓄、保险投资为40%左右，债券投资为20%左右，基金、股票为20%左右，其他投资为20%左右。

这一投资模式适合以下两个年龄段的人群：从结婚到35岁期间，这个年龄段的人精力充沛，收入增长快，即使跌到了，也容易爬起来，很适合采用这种投资组合模式；45～50岁之间，这个年龄阶段的人，孩子成年了，家庭负担减轻且家庭略有储蓄，也可以采用这种模式。

3.保守安全型投资组合

这一类投资组合模式适用于收入不高，追求资金安全的投资者。

保守安全型投资组合市场风险较低，投资收益十分稳定。

保守安全型的投资组合模式呈现出一个正金字塔形结构。各种投资的资金分配比例关系大约为：储蓄、保险投资为70%（储蓄占60%，保险占10%）左右，债券投资为20%左右，其他投资为10%左右。保险和储蓄这两种收益平稳、风险极小的投资工具构成了稳固、坚实的塔基，即使其他方面的投资失败，也不会危及个人的正常生活，而且不能收回本金的可能性较小。

期货投资：一种高风险的投资行为

金融风暴使大宗商品经历了前所未有的振幅，大宗商品价格大多拦腰抄斩，在这场空前的风暴洗礼下，期货投资上演着或喜或悲的投资故事。吴先生在期货市场泡了10多年，金融风暴这波大行情，让他的资金一下从60万元暴涨至1000万元。

吴先生专门从事农产品期货市场研究，也从未间断亲自操盘投资。多年进行农产品研究，让吴先生本人坚信国家会不惜一切保护农民利益。他预测，国家一定会大量收储大豆，而且会提高收购价。2008年10月，国家收储大豆150万吨，收购价高于期货价。当时市场上还有人不相信这是真的。吴先生预测国家还会收储，还会提高收储价，他给许多朋友讲，有些朋友还不相信。

吴先生从大豆每吨3000元时开始建多头仓单，之后一直看"多"。2008年12月底，国家再次收储大豆150万吨，2009年1月，国家第三次收储大豆300万吨。大豆价格一路攀升，春节过后，吴先生平仓时已经赚了1倍多。

依据同样的判断和分析，采用同样的模式，2008年12月底，他从每吨2800元开始做多白糖，直到春节过后，白糖涨到每吨3100元时平仓，又赚了一把。

期货交易的特点是投资量小，利润潜力大。期货投机者一般只要投入相当于期货合约值10%的保证金即可成交。这是因为他们可以先订买约再订卖约，也可以先订卖约再订买约，最后买约卖约两抵，投机者只有结清合约的义务，故没有必要拿出相当于某一合约的商品全部价值的资金。期货投资者拿出的保证金是为了在必要时抵偿买约和卖约的商品价格差额。

由于期货合约有统一规格，买卖双方不必直接打交道，而是通过期货合约清算所成交，故一纸合约可以多次易手。要买时，买方和期货合约清算所订买约。要卖时，卖方与期货合约清算所订卖约。

假如投机者认为某一商品价格看跌，他可先订卖约，待到价格下跌时，再签订低价买约而牟利。如果他判断失误，商品价格非但没有下跌反而上

不要把所有的鸡蛋放在同一个篮子里

涨，他就不得不签高价买约而亏本。

因此，我们有必要了解一下期货套利有什么策略，在操作过程中是怎么进行套利的。

1.利用股指期货合理价格进行套利

从理论上讲，只要股指期货合约实际交易价格高于或低于股指期货合约合理价格时，进行套利交易就可以赢利。但事实上，交易是需要成本的，这导致正向套利的合理价格上移，反向套利的合理价格下移，形成一个区间，在这个区间里套利不但得不到利润，反而会导致亏损，这个区间就是无套利区间。只有当期货实际交易价格高于区间上界时，正向套利才能进行；反之，当期指实际交易价格低于区间下界时，反向套利才适宜进行。

也就是说，涨得越高正向套利赢利空间越大，跌得越低反向套利赢利空间越大或越安全。

2.利用价差进行套利

合约有效期不同的两个期货合约之间的价格差异被称为跨期价差。在任何一段时间内，理论价差的产生完全是由于两个剩余合约有效期的融资成本不同产生的。当净融资成本大于零时，期货合约的剩余有效期越长，基差值就越大，即期货价格比股指现货价值高得越多。如果股指上升，两份合约的基差值就会以同样的比例增大，即价差的绝对值会变大。因此市场上存在通过卖出价差套利的机会，即卖出剩余合约有效期短的期货合约，买入剩余有效期长的期货合约。如果价格下跌，相反的推理成立。如果来自现金头寸的收入高于融资成本，期货价格将会低于股票指数值（正基差值）。如果指数上升，正基差值将会变大，那么采取相反的头寸策略将会获利。

无论商品价格上涨还是下跌，有经验的期货投机者都可以通过期货买约或卖约来牟利。期货交易是专业性强、宜由行家操作的投资。除非你已经是行家，否则切勿涉足这一高风险投资区，以免追悔莫及。由于期货买卖的损益大起大落，投资者一定要有自知之明，要量力而行。

我国共有四家期货交易所，分别是上海期货交易所、郑州商品交易所、大连商品交易所和中国金融期货交易所。前面三家主要开展商品期货交易，中国金融期货交易所主要推动金融衍生产品的开发和交易。

外汇投资：真正以钱赚钱的投资

2005年汇改以来，人民币一直保持升势。2008年，在人民币升值预期下，国际热钱正在源源不断地流入中国。而热钱流入的主要目的是短期套汇。仅通过套汇一项，热钱就可以获得3%～5%的收益。

外汇储备2008年一季度按每个月100亿美元在增长。外资疯狂涌入中国的原因有两个，首先是利差，其次是对人民币升值的预期，因为人民币对美元升值比较快，在美国经济进一步衰退的背景下，这个预期更强烈。2008年一季度人民币兑美元汇率升值幅度达4.17%，为1994年中国外汇市场建立以来人民币升值幅度最大的一个季度。由于外界预期人民币升值的幅度和速度都比较快，因此，短期资本进来的速度也在不断增加。根据权威部门的分析，套利和套汇可让热钱收益超过10%。

套汇是一种外汇投资方式，是利用不同市场的对冲价格，通过买入或卖出信用工具，同时在相应市场中买入相同金额但方向相反的头寸，以便从细微价格差额中获利。利用不同的外汇市场，不同的货币种类，不同的交割时间以及一些货币汇率和利率上的差异，进行从低价一方买进，高价一方卖出，从中赚取利润的外汇买卖。

套汇一般可以分为地点套汇、时间套汇和套利三种形式。

地点套汇又分两种，第一种是直接套汇。又称为两地套汇，是利用在两个不同的外汇市场上某种货币汇率发生的差异，同时在两地市场贱买贵卖，从而赚取汇率的差额利润。第二种是间接套汇，是在三个或三个以上地方发生汇率差异时，利用同一种货币在同一时间内进行贱买贵卖，从中赚取差额利润。

时间套汇又称为掉期交易，它是一种即期买卖和远期买卖相结合的交易方式，是以保值为目的的。一般是在两个资金所有人之间同时进行即期与远期两笔交易，从而避免因汇率变动而引起的风险。

套利又称利息套汇，是利用两个国家外汇市场的利率差异，把短期资金从低利率市场调到高利率的市场，从而赚取利息收入。举例来说，1美金可以买到0.7英镑，1英镑可以买到9.5法郎，而1法郎则可以买到0.16美金。一个实行这种交易方式的人可以靠着1美金而得到1.064元美金，获利率是6.4%。

近年来，套汇也成为很多中小投资者除股票基金以外的投资渠道。套汇交易具有三大特点：一是大商业银行是最大的套汇业务投机者；二是套汇买卖的数额一般较大，套汇利润相应颇丰；三是套汇业务都利用电汇方式。这三个特点构成了套汇的魅力所在，令许多人趋之若鹜。

谁在影响我们从外汇投资中获利？其实在交易中有五大因素会造成我们的本金和利润的损失。要达到投资获利的目标，我们必须战胜这五大因素。

1.外汇市场

外汇市场本身，是不会被任何人精确预测的。投资者将绝大多数时间和精力花在预测市场未来趋势上，是错误的，得不偿失的。对付外汇市场，投资者只需要掌握一些最基本的规律，然后跟踪市场的基本趋势就可以了。

2.投资者

大多数投资者在关注投资环节时往往将自己忽略了，其实自己本身才是最重要的。因为做出交易决策、实施交易行为的是投资者本身，研究外汇市场、关心其他人士的也是投资者本身。造成盈亏结果的是投资者本身，承担盈亏结果的也是投资者本身。

3.其他人士

在当今的信息社会里，无人可以隔离于众人之外，也就不可避免地要受到生活中其他人士的影响，这些影响有好有坏，让人难以分辨。美国有一个成功的投资者住在远离尘世的高山上，每年只交易几次同时赚到大钱，美国第二大富翁巴菲特住在奥马哈，同样远离金融中心华尔街。但能做到这样聪明又坚定的投资者毕竟还是少数。

4.投资决策

英明的、深思熟虑的投资决策将我们的投资引向胜利的终点，但愚蠢的、冲动的投资决策则将我们的投资引向亏损和失败。在这个环节，投资决策会受到前面三大因素的影响，由投资者最终做出决定。

5.交易行为

按常理，交易行为已经由投资决策环节决定，在此阶段只需照此执行就可以了。但事实上，实际的交易行为往往独立于投资决策，而被投资者以各种各样的理由肆意篡改。控制这一环节，要付出的努力远比之前的任何环节都多。

外汇市场瞬息万变，面临着诸多难以预测的因素，我们又该如何进行外汇理财产品的投资呢？

首先，投资者不能忽视外汇理财产品中的汇率风险，这一点对于手持人民币的投资者们来说尤其重要。短期之内，美元的强势仍将持续一段时间，但是对于中长期内美元和其他货币的走势，则更多地要依赖于金融海啸的后续发展。现在各银行推出的外汇结构性存款有固定收益的，还有浮动收益的。对于比较保守的投资者来说，固定收益的外汇理财产品是不错的选择，收益稳定且比同期存款利率高而且风险小；浮动收益产品则适合能够承受高风险、期待高收益的投资者，同时，这类浮动收益产品结构也较固定收益产品复杂，所以需要投资者对金融市场和金融产品有所了解，对国际经济走势有一定的判断。

其次，投资者必须看清"收益率"。浮动收益产品的收益率下限很低甚至为零，但这些浮动收益产品的上限都十分高，以此来吸引投资者，但需提醒投资者的是，这类很吸引眼球的高收益率背后隐藏着很大的风险，其所谓的最佳收益率和预期收益率并不等于实际收益率，因为这些最佳收益率和预期收益率是要达到一定条件才能实现的，也就是说参照的汇率、利率、黄金价格或指数等要达到协议所规定的水平。

在产品期限的选择上，短期限的、灵活的外汇理财产品是当仁不让的选择，汇率风险进一步加大，诸多因素并非投资者可以控制和驾驭，缩短外汇理财产品的投资期限，同时注重产品中提前赎回机制的设置，

是险中求生的明智选择。

汇率市场的波动充满了未知数，投资者在进行外汇投资时，一定要注意汇率风险。

债券投资：风险小，但回报稳定

17世纪，英国政府在议会的支持下，开始发行以国家税收为还本付息保证的政府债券，由于这种债券四周镶有金边，故而也被称为"金边债券"。当然这种债券之所以被称作金边债券，还因为这种债券的信誉度很高，老百姓基本上不用担心收不回本息。后来，金边债券泛指由中央政府发行的债券，即国债。在美国，经穆迪公司、标准普尔公司等权威资信评级机构评定为"AAA"级的最高等级债券，也被称为"金边债券"。

1997年，我国受亚洲金融危机和国内产品供大于求的影响，内需不足，经济增长放缓。我国政府适时发行了一部分建设公债，有力地拉动了经济增长。在国家面临战争等紧急状态时，通过发行公债筹措战争经费也是非常重要的手段。例如，美国在南北战争时期发行了大量的战争债券，直接促进了纽约华尔街的繁荣。

债券投资可以获取固定的利息收入，也可以在市场买卖中赚取差价，随着利率的升降，投资者如果能适时地买进卖出，就可获取较大收益。债券是政府、金融机构、工商企业等机构直接向社会借债筹措资金时，向投资者发行，并且承诺按规定利率支付利息并按约定条件偿还本金的债权债务凭证。目前，国内的债券主要包括国债、金融债、企业债券、公司债券等数种。

一、投资债券的优势

在众多投资工具中，债券具有极大的吸引力，投资债券主要有以下几个方面的优势：

1.安全性高

国债是国家为经济建设筹集资金而发行的，以国家税收为保证，安全可靠。到期按面额还本，债券利率波动的幅度、速度比较和缓，与其他理财工具如股票、外汇、黄金等比较风险最低，适合保守型的投资者。

2.操作弹性大

对投资者来说，手中拥有债券，当利率看跌时可坐享债券价格上涨的差价；当利率上扬时，可将手上票面利率较低的债券出售，再买进最新发行、票面利率较高的债券。若利率没有变动，仍有利息收入。

3.扩张信用的能力强

由于国债安全性高，投资者用其到银行质押贷款，其信用度远高于股票等高风险性金融资产。投资者可通过此方式，不断扩张信用，从事更大的投资。

4.变现性高

投资者若有不时之需，可以直接进入市场进行交易，买卖自由，变现性颇高。

5.可充作资金调度的工具

当投资者短期需要周转金时，可用附买回的方式，将债券暂时卖给交易商，取得资金。一般交易商要求的利率水准较银行低，且立即可拿到资金，不像银行的手续那么多。

6.可作商务保证之用

投资者持有债券，必要时可充作保证金、押标金。投资者以债券当保证金，在保证期间，仍可按票面利率计算。

基于上述种种优势，许多投资者都把目光聚集到它身上，并且公认其为家庭投资理财的首选。

二、投资债券的风险

债券市场也存在着风险，虽不像股票市场那样波动频繁，但它也有自身的一些风险。

（1）违约风险。发行债券的债务人可能违背先前的约定，不按时偿还全部本息。这种风险多来自企业，由于没有实现预期的收益，拿不出足够的钱来偿还本息。

（2）利率风险。由于约定的债券票面利率不同，债券发行时通常会出现折扣或者溢价，人们在购买债券时，通常是按照债券的实际价格（折扣或者溢价）而不是债券的票面价格来出价的。有些债券可在市场上流通，所以能够选择适当时机买进卖出，获取差价。而这些债券的市场价格是不断变动着的，利率发生变动，债券的价格也会跟着发生变动。在一般情况下，利率上调，债券价格就下降，而利率下调，债券价格就上升。在有些时候，利率的变动使债券价格朝着不利的方向变动，人们卖出债券的价格比买进时的低，就会发生损失。所以在购买债券时，要考虑到未来利率水平的变化。

（3）通货膨胀风险。例如，您购买了一种3年期的债券，年利率是3％，但这3年里每年的通货膨胀率都达到5％，投资这种债券就很划不来。

除了上面这3种常见的风险外，债券还有其他一些风险，如赎回风险、流动性风险等。每种风险都有自己的特性，投资者要采取相应的防范措施。

三、如何购买债券

在我国的债券一级市场上，个人可以通过以下渠道认购债券：凭证式国债和面向银行柜台债券市场发行的记账式国债，在发行期间可到银行柜台认购；在交易所债券市场发行的记账式国债，可委托有资格的证券公司通过交易所交易系统直接认购，也可向指定的国债承销商直接认购；企业债券，可到发行公告中公布的营业网点认购；可转换债券，如上网定价发行，可通过证券交易所的证券交易系统上网申购。

在债券的二级市场上，个人可以进行债券的转让买卖，主要通过两种渠道：一是通过商业银行柜台进行记账式国债交易，二是通过交易所买卖记账式国债、上市企业债券和可转换债券。

博傻理论：不做投资的大傻瓜

1908～1914年间，经济学家凯恩斯拼命赚钱。他什么课都讲，经济学原理、货币理论、证券投资等。凯恩斯获得的评价是"一架按小时出售经济学的机器"。

凯恩斯之所以如此玩命，是为了日后能自由并专心地从事学术研究而免受金钱的困扰。然而，仅靠讲课又能积攒几个钱呢？

终于，凯恩斯开始醒悟了。1919年8月，凯恩斯借了几千英镑进行远期外汇投机。4个月后，净赚1万多英镑，这相当于他讲10年课的收入。

投机生意赚钱容易，赔钱也容易。投机者往往有这样的经历：开始那一跳往往有惊无险，钱就这样莫名其妙进了自己的腰包，飘飘然之际又倏忽掉进了万丈深渊。又过了3个月，凯恩斯把赚到的利和借来的本金亏了个精光。投机与赌博一样，往往有这样的心理：一定要把输掉的再赢回来。半年之后，凯恩斯又涉足棉花期货交易，狂赌一通大获成功，从此一发不可收拾，几乎把期货品种做了个遍。他还嫌不够刺激，又去炒股票。到1937年凯恩斯因病金盆洗手之际，他已经积攒起一生享用不完的巨额财富。与一般赌徒不同，他给后人留下了极富解释力的"赔经"——更大笨蛋理论。

什么是"更大笨蛋理论"呢？凯恩斯曾举例说：从100张照片中选择你认为最漂亮的脸蛋，选中有奖，当然最终是由最高票数来决定哪张脸蛋最漂亮。你应该怎样投票呢？正确的做法不是选自己真的认为最漂亮的那张脸蛋，而是猜多数人会选谁就投她一票，哪怕她丑得不堪入目。

投机行为建立在对大众心理的猜测之上。炒房地产也是这个道理。比如说，你不知道某套房的真实价值，但为什么你会以5万元每平方米的价格去买呢？因为你预期有人会花更高的价钱从你那儿把它买走。

凯恩斯的更大笨蛋理论，又叫博傻理论：你之所以完全不管某个东西的真实价值，即使它一文不值，你也愿意花高价买下，是因为你预期有一个更大的笨蛋，会花更高的价格，从你那儿把它买走。投机行为关键是判断有无比自己更大的笨蛋，只要自己不是最大的笨蛋，就是赢多赢少的问题。如果再也找不到愿出更高价格的更大笨蛋把它从你那儿买走，那你就是最大的笨蛋。可以这样说，任何一个投机者信奉的无非就是"最大笨蛋理论"。

对中外历史上不断上演的投机狂潮最有解释力的就是最大笨蛋理论：

1593年，一位维也纳的植物学教授到荷兰的莱顿任教，他带去了在土耳其栽培的一种荷兰人此前没有见过的植物——郁金香。没想到荷兰人对它如痴如醉，于是教授认定可以大赚一笔，他的售价高到令荷兰人只有去偷。一天深夜，一个窃贼破门而入，偷走了教授带来的全部郁金香球茎，并以比教授的售价低得多的价格很快把球茎卖光了。

就这样郁金香被种在了千家万户荷兰人的花园里。后来，郁金香受到花叶病的侵袭，病毒使花瓣生出一些反衬的彩色条或"火焰"。富有戏剧性的是病郁金香成了珍品，以至于一个郁金香球茎越古怪价格越高。于是有人开始囤积病郁金香，又有更多的人出高价从囤积者那儿买入并以更高的价格卖出。1638年，最大的笨蛋出现了，持续了5年之久的郁金香狂热悲惨落幕，球茎价格跌到了一只洋葱头的售价。

始于1720年的英国股票投机狂潮有这样一个插曲：一个无名氏创建了一家莫须有的公司。自始至终无人知道这是什么公司，但认购股票时近千名投资者争先恐后把大门挤倒。没有多少人相信它真正获利丰厚，而是预期更大的笨蛋会出现，价格会上涨，自己要赚钱。饶有意味的是，牛顿参与了这场投机，并且不幸成了最大的笨蛋。他因此感叹："我能计算出天体运行，但人们的疯狂实在难以估计。"

投资者的目的不是犯错，而是期待一个更大的笨蛋来替代自己，并且从中得到好处。没有人想当最大的笨蛋，但是不懂如何投机的投资者，往往就成了最大的笨蛋。那么，如何才能使自己在投资和投机时避免做最大的笨蛋呢？其实，只要猜对了大众的想法，也就赢得了投机。

所以，要想知道自己会不会成为最大的笨蛋，除了需要深入地认识自己外，还需要具有对别人心理的准确猜测和判断能力。

只要有钱在手，就要拿它消费，不要害怕风险。在投资时不要有任何顾虑，也许你的钱投进去了，你就赚了，但你要是总在犹豫里徘徊，把钱攥得紧紧的，那你将永远赚不到钱。只有你把钱投进去了，才可能会有更大的笨蛋出现，要是你不投钱的话，那么发财的机会就永远是别人的，你就是最大的傻瓜了。

PART 07
生产经营经济学

区别定价：各类人都能接受的价格

下面是某飞机票销售公司的一则广告：

航程：北京到雅典

机票价格：单程：3050元往返：4200元

具体价格以电话咨询为主。

航空公司：汉莎航空

尊敬的旅客朋友，您能选择我们公司特价申请部，提前预订，选择我们为您服务，就是对我们最大的鼓励和支持，我们也一定会把您的需要当作自己的需要，用心尽责地为您服务，依托我们与多家航空公司合作多年的密切关系，承诺为您预订申请到的价格是全市当时最低价；另外无论您的行程多复杂，多变化，我们的专业操作人员都会为您精心设计出最合理、最经济、最舒适的行程。只要是在本公司预订的机票，无论您的行程有什么变化或有什么不清楚的，只需一个电话，我们都会为您解决，让您感受到我们切实贴心的服务。

每到出行淡季，为保证上座率，各航空公司不惜推出大量低折扣机票。像北京、上海等许多热门航线，也都能轻松买到5折以下特价票，很多航线甚至将折扣降至2折，比火车票还便宜。如从银川到北京机票原价1090元，2折价

格就是218元，加上燃油附加费和机场建设费200元，共计418元。又如，从杭州到北京，如果买到2折机票，只要350元，如果不算上燃油附加费，和一张320元的火车硬卧票价格已相当接近，远远低于550元的Z10次列车票价。据机场工作人员介绍，只要提前半个月订票，这种低折扣机票都可以买到。

我们都知道很多时候机票提前预订比较便宜，而现价买的时候往往较贵。而演唱会的门票或者体育场的门票往往现买价更便宜，而提前预订却更贵。

戏剧迷下午到人民剧院广场的售票窗口，能以半价买到当天晚上不少国家大剧院演出的票。但是有人预订当天的飞机票，就只能出高价，售价比平时高一倍都有可能。如何解释这样的差异呢？

飞机起飞时或剧院幕布升起时还剩有空座，意味着收入上的一笔恒久损失，因此航空公司和剧院都有着尽量填满空位的强烈动机。与此同时，以折扣价填满一个座位，往往意味着失去其他人出全价购买同一个座位的机会成本。所以，航空公司和剧院要克服的营销难题是，尽量续满座位，又不至于在每座平均收入上做太大牺牲。

提前预订飞机票的大多是旅游、度假者，他们对时间不敏感，对机票的价格却比较敏感。相比于度假游客，商务人士在临行前一刻变更出行安排的可能性更大，而且对票价不太敏感。故此，航空公司的策略是，对最后一刻才买票的乘客（大部分都是出公差的）收全价，而对提前订票的乘客（主要是度假游客）打折。

　　剧院则略有不同。和航空业一样，高收入者比低收入者对票价要麻木得多，但看戏剧的高收入者一般都不愿意在最后一刻才买票。事到临头才在售票口买半价票，观众要面对两道门槛：一是需要排一两个小时的队，高收入者大多不愿只为了省几个钱而这么做；第二点，也是更重要的一点，只有少数剧目（一般都不是特别受欢迎的剧目）有折扣票卖。高收入者时间的机会成本高，他们好不容易腾出一个晚上的宝贵时间看剧，当然只想看自己最想看的剧目。而对价格更敏感的低收入观众，这两道门槛都比较容易迈过。要是不能在售票窗口排队买半价票，他们说不定根本不会去看国家大剧院的表演了。

品牌经营：贴标签的土豆会贵过苹果吗

　　在搜索引擎"搜搜问问"上，有这样一个问题：土豆和苹果哪个贵？在其回答上有一个不容置疑的答案："当然是苹果贵。"但现实总是有出入，我们还是先看看下面的故事再来回答这个问题。

　　内蒙古的武川县号称"土豆之乡"，因为这里独特的气候条件，使得土豆特别好吃。内蒙古有句流传很广的夸武川的话："武川有三宝：土豆、莜面、羊皮袄。"尽管土豆是个好东西，这里的农民祖祖辈辈种土豆、吃土豆、卖土豆，但1斤土豆的价格也就一两毛钱，也没有听说谁家因为卖土豆发了财的。

　　王喜莲24岁就嫁到了哈勒村，丈夫是村里的民办教师，但家里的日子过得也非常紧巴，她至今仍然记得，儿子3岁时想吃根冰棍，她竟浑身上下掏不出5分钱。王喜莲不甘心就这么穷下去。

　　高中毕业的她，在自家承包的几十亩地上动起了脑筋。她先是在乡技术员的帮助下，在镇里头一个盖起了日光温室，种一些蔬菜，靠"庭院经济"脱了贫。然后她又专门培育引进适合当地种植的马铃薯优良品种供应乡亲们，秋后又帮他们找销路。慢慢地，能干的她因勤劳致富在当地出了名。

　　2001年，王喜莲被评为内蒙古自治区十大杰出青年农牧民，乡亲们还推举她当上了呼和浩特市人大代表，直到今天，她仍然是内蒙古自治区人大代表。

因为经常到外地开会，王喜莲接触到外面精彩的世界，看着人家都是穿着名牌，她开始思考一个问题：武川的土豆远近闻名，为什么农民却不能从土豆身上致富？

细心的她经过调查发现，因为农民都是各自为政，小打小闹，形成不了规模，价格自然上不去。加上没有自己的品牌，假冒武川土豆的现象也很普遍，大部分农民就知道卖原料，几乎没有什么深加工。2005年5月，王喜莲向工商管理部门申请了"川宝"土豆商标，9月，她又注册了自己的公司。

她的"打法"很简单，就是给土豆精"包装"，她把挑选出来的最好的土豆一个一个用纸包起来，放进精致的礼品盒。

如此一包装，打着"川宝"品牌的5公斤土豆，一下子就身价大增到20元！火热的销售势头证明王喜莲的第一招出对了。

5公斤土豆她最低卖20元。就这样，每天守在她家门口，操着南腔北调口音向她要土豆的商贩仍然络绎不绝。一位老板高兴地对她说："以前给生意上的朋友送土豆，都是拿破麻袋装，既不好看也没面子，现在用你这川宝土豆，再合适不过了。"

有了品牌，王喜莲又建起了自己的5000亩土豆基地，每年和农民签种植合同，2008年，仅她一家就向农民收购土豆120万公斤。

王喜莲的公司已经正式落户武川县金三角天骐工业园区，深加工车间也开始投产。她说："我的梦想就是让武川土豆走向全国、走向世界。"

说起土豆，没有人会感觉陌生。但可能很少有人听说过贵过苹果的土豆，更没有人听说包装有品牌的土豆。当用礼品盒包装起来的土豆卖到每5公斤20元钱，我们完全相信了品牌的力量。

王喜莲的土豆能贵过苹果，正是因为她通过包装等形象识别区别于其他不同的土豆，有了自己的品牌。土豆不只是能贵过苹果，还能贵过很多的东西，世界上最贵的土豆——法国La Bonnotte品种的土豆，每公斤售价500欧元。

现在全国都在积极引进和发展水果和蔬菜产业，以此作为发展农业、农民增收的重要途径。因而果蔬产业的竞争越来越激烈，这就需要我们发展名特优产品，创立品牌。没有品牌、没有特色就没有竞争力，就难以立足市场，有了品牌，才能保证农产品的生产持续稳定发展。

包装经济：消费者会买椟还珠

在市场上，有两家药厂，生产同一种药，质量略有差异（甲厂药品效果比乙厂的略微差些）。在推向市场时，两者都用纸板包装盒，但甲厂的包装白底光亮，色彩明快，还有一个浮雕式的凸起图案；乙厂则颜色暗淡，图案陈旧；试比手感，前者表面细滑，轻轻挤压，手指能感受到弹力和盒子的挺括；后者则表面粗涩，略一挤压，即轻易失去原有形状。

当这两种产品同时上市时，面对同样的消费者群体，前者的市场占有率竟然高出后者10%。

两种相同的药，仅仅因为包装上的差异，就有了悬殊的销售量。而实际上，乙厂药品的质量要比甲厂的好。这样的结果说明了商品的包装极大影响着其市场销售。

从前，楚国有一个珠宝商人，一次他在游历各国途中获得了一颗非常漂亮的珍珠。楚人决定要将珍珠好好包装一下，以后好卖个好价钱。

于是，这个楚国人找来名贵的兰木，又请来手艺高超的匠人，为珍珠做了一个精美的盒子，然后用桂椒香料把盒子熏香。还花重金让人在盒子的外面精雕细刻了许多精美的花纹，镶上漂亮的装饰，最后，盒子成了一件精致美观的工艺品。楚人将珍珠小心翼翼地放进盒子里，拿到市场上去卖。

楚国人到市场上不久，他手中的盒子就吸引了很多人。一个郑国人将盒子拿在手里看了半天，爱不释手，出高价将楚人的盒子买了下来。郑人交过钱后，便拿着盒子往回走。可是没走多远他又回来了，楚人很纳闷。

只见那个郑人将盒子里的珍珠取出来交给楚人，自己只拿了一个空盒子走了。

这个成语故事讲的就是"买椟还珠"。这个商人对商品的包装的兴趣远远超过了对商品本身的关心，事实上很多消费者在生活中也犯过同样的错误，因为喜欢商家的包装而买下了一件商品。好包装会抓住人们的眼球。对于一件被推销的商品，更多的人还是在关注包装。

过去人们并不在意包装，认为"真金总是会卖个好价钱"，但现在这样的观念该改变了，因为质量再好的商品，没有好的包装，就好像缺了绿叶的红花，没有任何吸引力。在市场经济的环境下，产品的包装现今越来越引起消费者的关注，并也逐渐形成了包装经济。

包装经济是指围绕着商品包装而展开的一系列经济活动，属于产业经济的一种。从社会实践上来看，由于现代的产品种类繁多，花样复杂，因此，消费者在进行选择的时候，往往挑花了眼睛，不知道该选择哪一个好。这时，产品的包装就可以成为一个宣传媒介，向消费者传递"自我推销"的信息，从而吸引消费者购买。正是第一印象的不同，消费者才做出不同的选择。

各大企业经营者正是观察到了这一点，也才将更多的资本投注到广告包装之上。他们利用包装塑造精品的形象，利用包装来提升企业的品牌知名度，利用包装来打动消费者。

在几年前，洗手液市场上，蓝月亮洗手液成功地利用包装成为市场上的品牌产品。它为了能让人们产生精品的印象，其产品包装无论从瓶子的高度、体积、瓶形、配件颜色、标签形式等都经过不断地调试，最终达到了"功能卖点、包装形态、消费者感受"三者的完美结合。这让蓝月亮洗手液的销售量大为改观。当时，就能达到每月销售额700万；长沙几家大超市曾创下日销售蓝月亮洗手液2600瓶的记录；据不完全统计，"蓝月亮"凭借洗手液单品就打造了当年度7000万元销售业绩。

在产品同质化越来越明显的今天，产品外包装正在成为企业产品销售成功的不二法门。只要有了迎合消费者审美观点和文化意识的包装，就能够达到同推销产品一样的效果。

偏好竞争：东风日产定位技术日产

东风日产是日本三大汽车制造商之一，也是第一家开始制造小型datsun轿车和汽车零件的制造商。公司十分着重技术的研发，从20世纪80年代起，日产便坚持将其销售额的5％用于产品研发。目前日产旗下拥有众多高级轿车品牌，诸如infinity（无限）、cefiro（风度）、cedric（公爵），等等。车坛有"科技的日产、销售的丰田"的说法。这一说法将这家全世界第四大汽车厂，予以了明确的定位。

1933年12月26日，由日本产业公司出资600万日元、户田铸物公司出资400万日元，成立了注册资本1000万日元的"汽车制造股份公司"。两公司的社长鲇川义介任新公司社长。在1934年5月30日举行的第一届定期股东大会上，汽车制造股份公司更名为"日产汽车公司"，同时，由日本产业公司接收了户田铸物持有的该公司全部股份，"日产"正式成立了。

在当时的日本，汽车工业是其他机构都不愿意做的事业，就连三井、三菱、住友这样的大财阀都不愿涉足。理由很简单：谁都无法承受每年2500万日元的亏损压力。为此，鲇川义介已经做好了五六年内每年亏损2500万日元的准备。当然，这种魄力与他手下被称为日产康采恩的日本产业集团的强大支持是分不开的。日本产业是鲇川义介将久原矿业改组后于1928年出资5000万日元创立的控股公司，其麾下拥有日本矿业、日立制作所、户田铸物等企业。

为了能够与美国的轿车工业相抗衡，高瞻远瞩的鲇川义介将主要精力集中在日产汽车这一日本第一家真正的汽车企业的建设之中。

由于众所周知的原因，日产的发展受到了战争的严重影响。1945年9月，美军司令部规定，禁止轿车的生产。直到1947年6月，才开始允许利用库存零部件每年组装排量1.5升以下的微型轿车300辆、大型轿车50辆。可以说，1947年是日产汽车形势最为危急的一年。由于当时正值通货膨胀和物资统管时期，公司的赤字和债务与日俱增，同时，由于金融机构的融资制度进一步变严，银行贷款也受到了限制，使日产陷入内外交困的境地。为了突破危机，11月，日产成立了突破危机运动总部，下设7个分组。结果nissan车从10月份的155辆上升到11月的230辆、12月的430辆，初步扭转了公司经营的不利局面。

1952年，日立与英国奥斯汀汽车公司开始进行技术合作，开发出达特桑210车型，其后，开始了日本首次向北美的汽车出口。达特桑210一经推出就在竞争激烈的澳大利亚拉力赛中勇夺桂冠，展示了与国外名车一比高低的决心。当时，日本轿车的需求55％为出租车，45％为政府机关和公务用车，私人用车很少，同中国的情况十分类似。为了确定公司未来的市场发展方向，日产开始了大规模的市场调查，分析了用户的需求。虽然达特桑是深受顾客欢迎的车型，但它也存在明显的不足。于是，对它的操纵性、耐久性和整体风格都做了很大的改进。

1957年制作完成数台样车，在强度、振动、噪音等方面进行了极为严格的测试。在美国，日产对达特桑210进行了试验，同时开发1.2升发动机以增加其出口竞争力。经过大量的工作之后，蓝鸟310诞生了。1959年蓝鸟1000、蓝鸟1200同时在全国上市，出现了持续旺销的局面。可以说，详尽的市场分析、精细的技术开发加上完善的促销手段使蓝鸟一举成名。

1999年是最值得纪念的一年，日产与雷诺的合并轰动了世界。其间，各种传闻不断。但是，一个不可忽略的事实就是日产拥有的先进的技术开发能力与雷诺在产品开发、造型设计以及成本管理方面的长项有机结合起来，实现了优势互补。日产在欧洲和南美等地将进一步拓展市场，使集团公司的全球占有率提升至9.1％，成本效益达到3900亿日元。

在75年的发展历程中，日产素以技术创新而著称，在技术创新方面拥有许多第一次：日本首次装备V6引擎、全球首次在2.0引擎上装备CVT技术、在Sentra CA上应用世界最先进的排放控制技术……对技术创新的矢志追求，成为日产品牌的DNA，也成就了"技术日产"的美誉。

竞争优势一般有两种基本类型：一是价格竞争优势，就是在同样的条件下比竞争者定出更低的价格。这就要求企业采取一切努力来降低单位成本。二是偏好竞争优势，即能提供确定的特色来满足顾客的特定偏好。这就要求企业采取一切努力在产品特色上下功夫。

　　品牌定位是指企业的产品及其品牌，基于顾客的生理和心理需求，寻找其独特的个性和良好的形象，从而凝固于消费者心目中，占据一个有价值的位置。产品定位是产品在未来潜在顾客心目中占有的位置。其重点是在对未来潜在顾客心智所下的功夫，为此要从产品特征、包装、服务等多方面做研究，并顾及竞争对手的情况。日产能够从竞争激烈的汽车行业杀出一条血路，正是因为日产对自身的准确定位。

　　2002年9月19日，金秋时节的北京钓鱼台国宾馆，迎来了东风与日产两位巨人的牵手，当戈恩与公司总经理苗圩紧握双手的时候，它宣告了东风公司历史上一个崭新时代的到来。

　　按照协议，日产将直接投资85.5亿元人民币，东风以对等的资产入股，合资重建注册资金达171亿元的"东风汽车有限公司"。这是国内首家拥有全系列卡车、轻型商用车和乘用车产品的中外合资汽车公司，也是迄今为止中国汽车行业规模最大、层次最深、内容最广泛的对外合资项目。

　　东风日产乘用车公司（原为东风汽车有限公司乘用车公司）成立于2003年6月16日，位于广州花都。东风日产乘用车公司以广州风神汽车有限公司为基础，是东风汽车有限公司最具发展潜力的重要组成部分。

　　东风日产乘用车公司拥有花都和襄樊两个工厂，年生产能力25万辆，员工近5000人。公司产品为2升级"蓝鸟"和"阳光"，2.3升和3.5升级"天籁"，1.6升级"颐达"和"骐达"轿车。公司现拥有251家供应商和超过430多家经销商。

　　占地20万平方米，投资3.3亿人民币的乘用车研发中心已于2004年12月6日在花都开工建设，按计划将于2005年底建成主体部分并投入运营。2004年12月21日，乘用车发动机工厂正式开工，该发动机工厂占地36万平方米，总投资30亿元，将建成一条融铸造、加工和装配为一体的生产线，生产4款乘用车发动机。

2008年全球金融危机，经济不景气，内需仍然没有被充分拉动，年轻的东风日产靠什么逆风飞扬，靠什么高速发展？靠的是优秀的产品质量，完美的驾乘体验，以及品牌和产品深入人心所缔造的消费者对企业、对品牌的高度认可和充分信任！根据中国乘用车联合会近期提供的数据：2009年上半年，东风日产乘用车公司销量达到225073台，同比增长41.32%，比主要乘用车厂家平均19.35%的同比增长率高出将近22个百分点。

日产将产品定位为"技术的日产"，实际上，日产每款上市的新车型几乎都具有一定的技术领先性，并也充分利用这一优势作为营销重点，天籁、轩逸无不如此。

成本竞争：台塑与日本制造一争高低

20世纪50年代，王永庆在接手台塑的时候，并不被人看好。台塑是生产PVC塑料粉的，当时中国台湾的PVC塑料粉市场主要被日本人占领，因为日本人的生产成本低，价格更低。王永庆仔细分析了当时的PVC生产。PVC的主要原料是氯气，台湾是烧碱生产基地，氯气正是烧碱产生的废品，所以价格极低。当时台湾的劳动力、电力价格都远低于世界水平，并且政府对民营企业采取扶植的政策，有很多优惠。如果台塑能够和日本一样实现平均成本最低，按货币计算还要低于这些国家，那台塑一定能够成功。

在精密的思考下，王永庆卖掉了家族的其他产业，又贷款扩大台塑的产量。到1960年，台塑就成了当时PVC行业的龙头，月产1200吨。成本下降以后，价格远远低于世界同类产品。这样，台塑不仅把日本赶出了中国台湾的PVC市场，而且向世界各国出口。台塑获得了巨大的成功。

当然，台塑的成功还有其他方面的努力，如内部管理、与政府的良好关系等，但最关键的是台塑通过将自己的产量扩大，从而达到成本最低，这是台塑成功的法宝。

要谋求成本的有效降低，必须分析影响成本各种因素中最本质的东西，降低成本，一直是每个企业所追求的主要目标。

辽宁兴城是一个美丽的海滨小城，这里的旅游业较为发达，一到夏季便游人如织，但每年的10月到来年的4月，长达半年的时间里，海滨的高级饭店和旅游景点的生意就很清淡，游人很少。不过即使是在旅游淡季，饭店和景点仍然在开门营业。既然这个时段赚钱不多甚至会亏本，他们为什么不关门，等到旅游旺季的时候再开门呢？

用生产成本来分析这个问题，我们可以了解到饭店和景点的成本主要是固定成本，如租房费用，它已经支出了，如果关门歇业的话，放着也是放着，照样会折旧，不如继续开门营业，只要收入能支付可变成本就行了。

所以，固定成本的回收只能寄希望于旅游旺季，而且只有旅游旺季需求大于供给，这就可以解释一般旅游景点的住宿和饮食一到旅游旺季价格都比较高。

企业作为市场中的微观主体，是以营利为目的的，所以，在研究企业问题时，考虑最多的就是成本问题。但是企业如何控制成本，使生产成本达到最小化呢？

据很多厂家来说，虽然沃尔玛订货数量每次都很巨大，但沃尔玛精明的采购员十分让人不舒服。他们每次都要进行艰苦的讨价还价。同其他地方不同，沃尔玛的采购员与厂家之间没有什么密切的关系；相反，采购员总是为了尽可能地压低价格与供应商展开激烈的辩论，有的制造商甚至称沃尔玛为"美国最粗暴的客户"，主要指它那种顽强的价格谈判者的可恶形象。

不过，只要生意达成，沃尔玛就会维护好同供应商建立的协作关系，绝不会以不正当的手段来损害供应商而增加自身的利益。这也是供应商愿意同它们继续合作的稳定基础，何况，沃尔玛的货款平均期限是29天，远远快于同行的45天付款期限，也为供货商的利益作出充分考虑。

沃尔玛的分销中心在美国名气很大。据称每个分销中心楼板的面积加起来有20个足球场大小，装货月台可供30辆卡车同时装货，卸货月台有135个卸货位置。除此之外，沃尔玛还拥有美国最大的车队——"沃尔玛运输队"，有卡车2000辆，拖车11000辆！如此的数目，在美国可是仅此一家！

同其他竞争者相比，沃尔玛分销中心的效率非常高。通常，沃尔玛的商店内的8万多种商品，85%的货都是来自分销中心，它还动用高科技甚至是卫星导航等系统武装分销中心。别的零售商从计算机开单到货物上架，约需要5天，而沃尔玛在两天之内就能搞定。

据统计，沃尔玛企业每年的广告投入约占营业额的0.5%。而同沃尔玛同样规模的竞争者，广告投入几乎都会占到其营业额的2.5%以上。同时，在沃尔玛企业中，管理层的简化和节约，让其在管理成本上减少了大笔的金钱，平均要比竞争对手低3个百分点。

为了能实践沃尔玛在中国百姓心中的大面积"着陆"，沃尔玛一直都在努力降低成本，通过从厂家直接进货，签订供销合同，省去了中间的流通环节、全国统一的物流中心和分销管理体系，为顾客省钱。在它不懈的努力下，果然，几年之后，它就在这块土地上有了迅猛的发展，并一跃而起，占据了中国零售超市的榜首。

饥饿营销：Win7一盘难求

房荒，一如疯狂的2007年，似乎在一夜之间回来了，很多四处寻找心仪居所的购房者，甚至为房而"慌"。投资者和炒家在四处出击。2009年10月份，武汉南城某楼盘在一家五星级酒店现场开盘，前来选房的人们将一个大厅围得里三层外三层。可是，排在前列的张女士，在进入选房区时，发现看板上自己想要的一些房源号码后面，都已经被贴上"红圈圈"（表明该房子已被定下）。奇怪的是，被"圈下"的房子，甚至超过了她之前进场选房的人数。显然，这就是开发商有意识的"销控"，也就是饥饿营销。

实行市场经济后，很少听说缺少商家，更多的时候是缺少顾客？为什么有顾客了，商家却还不愿意卖了？

传说，古代有一位君王，吃尽了人间一切山珍海味，从来都不知道什么叫作饿。因此，他变得越来越没有胃口，每天都很郁闷。有一天，御厨提议说，有一种天下至为美味的食物，它的名字叫作"饿"，但无法轻易得到，非付出艰辛的努力不可。君王当即决定与他的御厨微服出宫，寻此美味，君臣二人跋山涉水找了一整天，于月黑风高之夜，饥寒交迫地来到一处荒郊野岭。此刻，御厨不失时机地把事先藏在树洞之中的一个馒头呈上："功夫不负有心人，终于找到了，这就是叫作'饿'的那种食物。"已饿得死去活来的君王大喜过望，二话没说，当即把这个又硬又冷的粗面馒头狼吞虎咽下去，并且将其封之为世上第一美味。

传说中的那个馒头，尽管从使用价值上来看，它与山珍海味不可同日而语，但在当时当地，对于那个饥肠辘辘的君王，它却是天下至美之味。这一常识已被聪明的商家广泛地运用于商品或服务的商业推广，这种做法在营销学界更是被冠以"饥饿营销"之名。

所谓"饥饿营销"，是指商品提供者有意调低产量，以期达到调控供求关系、制造供不应求"假象"、维持商品较高售价和利润率的目的。

饥饿营销的操作很简单，定个叫好叫座的惊喜价，把潜在消费者吸引过来，然后限制供货量，造成供不应求的热销假象，从而提高售价，赚取更高的利润。但"饥饿营销"的终极作用还不是调节了价格，而是对品牌产生的附加

值，这个附加值分正负。

在家电等卖场，"饥饿营销"是产品常用的宣传手段。此前诺基亚对旗下手机N97就采用在电视、网站、户外广告牌进行大量的轮番广告轰炸，却严格控制发货数量，给人造成产品供不应求印象的销售策略，从而让这款产品一度成为顶级手机的销量冠军。

饥饿营销运行的始末始终贯穿着"品牌"这个因素。首先其运作必须依靠产品强势的品牌号召力，也正由于有"品牌"这个因素，饥饿营销会是一把双刃剑。剑用好了，可以使原来就强势的品牌产生更大的附加值；用不好将会对其品牌造成伤害，从而降低其附加值。饥饿营销不能简单地理解为"定低价—限供量—加价卖"。不了解对手，不认清自己，简单地去操作，会非常危险。

在感受到微软Windows 7近乎铺天盖地的宣传营销之后，希望在第一时间买到Windows 7的消费者却失望了。

"目前Windows 7缺货，您如果需要可以登记电话进行预订，到货之后我们会通知您。"苏宁电器的工作人员做出这样的回应。在其他的商场，发现Windows 7都处于"有价无货"的销售状态。

"现在Windows 7确实是没货可卖。"苏宁电器相关负责人表示，作为微软Windows 7渠道首发合作伙伴，北京第一批送到苏宁的Windows 7仅有200套，而前期在苏宁门店预订的消费者就超过1000名，在上周末上市之后不到一天的时间里，就被全部售光。"由于微软提供的货源有限，目前消费者难以买到现货，需要预订。"

"我们遭遇了传说中的'饥饿营销'。"在各IT论坛上，热盼Windows 7的消费者发泄着自己的无奈。相对于Windows 7上市之前长达5个月的宣传攻势，正式上市之后却难觅踪迹，这一现象让消费者很难理解。

Windows 7正是利用自身品牌优势，使用饥饿营销的办法，从而吊足消费者的胃口，这样会让消费者望眼欲穿。

广告营销：可口可乐化身为神奇魔水

可口可乐公司的前任老板伍德拉夫有句名言："可口可乐99.61%是水、碳酸和糖浆，如若不进行广告宣传，谁去喝它呢？"

然而，事实却是，可口可乐畅销全世界，打进了135个国家和地区的市场，被人们视为是美国精神的象征。可口可乐如此受人们喜欢，除其他原因外，广告作用不可低估。

"可口可乐"公司从1886年开始，就不惜工本，充分利用广告手段来扩大产品销路。1886年可口可乐公司的营业额仅有50美元，广告费就花了46美元；1901年其营业额为12万美元，广告费花了10万美元；如今的广告费每年平均6亿美元以上。

我们不说可口可乐的成功完全由于其大手笔投入的巨额广告，但这种99.61%都是水、碳酸和糖浆的饮料能够在全世界畅销，绝对与此不无联系。

俗话说，"酒香不怕巷子深"，但在现代商务活动中，这样的理论却不再适用，"货好还要宣传好"早就代替了"皇帝的女儿不愁嫁"的傲慢。好的广告，能诱发消费者的购买欲望，促成购买行为。这是注意力经济（眼球经济）的一个特征。

统计表明，世界上95%的产品都是雷同的，并无多大差异（同质性产品）。为什么有的卖得好，有的卖不好，或卖不出去？原因当然是多方面的，但关键因素是你"说不说话"，"会不会说话"。所以英国广告学专家布里特说："商品不做广告，就像姑娘在暗处向小伙子递送秋波，脉脉含情只有她自己知道。"

提高商品的知名度是企业竞争的重要内容之一，而广告则是提高商品知名度不可缺少的武器。精明的企业家，总是善于利用广告，提高企业和产品的"名声"，从而抬高"身价"，推动竞争，开拓市场。

"今年过节不收礼，收礼只收脑白金"在全国电视媒体上狂轰滥炸，几乎所有的人都熟知脑白金的广告。即使在今天，"今年过节不收礼，收礼只收脑白金"的广告还在冲击消费者的心灵。而我们不仅要看广告，还要为脑白金广告付费——去购买脑白金。

在1998年，为充分了解消费者，史玉柱戴着墨镜走村串镇，搬个板凳跟老人们聊天，脑白金的定价以及广告词都是"聊出来"的。史玉柱不但了解到哪种功效、多少价位的保健品最适合老人，而且知道了老人们吃保健品一般舍不得自己买，也不会张口向子女要。这些细小琐碎的需求累积起来，促使"今年过年不收礼，收礼只收脑白金"的口号应运而生。

中国是个礼仪之邦，从古到今，中国人一直崇尚礼仪，"礼尚往来""来而不往非礼也"，更论证了中国人的礼品情结，脑白金将一个保健品，提升到礼品的高度，大大拓展了自己的市场范围。

在行业内，保健品有一种"富不过五载"的说法，但畅销十几年的脑白金据称已有千万人服用，把脑白金外包装瓶子挨个放置可以绕赤道两周。2007年，脑白金和黄金搭档分别获得中国保健品品牌销售第一名和第二名，两产品的年销售总额达17亿元。公司产品受到全国广大消费者的广泛好评，创造了一个个销售业绩的神话，成为保健品市场中的领军品牌。这得益于史玉柱的广告。

广告在日常生活中随时随地可以看到。打开电视机，铺天盖地的电视广告；翻开报纸，迎面而来的是平面广告；走在大街上，充斥视野的是各种立体广告……广告已经和我们的日常生活形影不离。广告之所以有这么大的威力，主要是它能把消息、资料传递给可能购买的顾客，激起人们购买的欲望。

脑白金礼品概念的广告策略，实属营销领域的一个成功典范。消费者购买脑白金时，购买动机已经超出了健康范围，纯粹是送礼。所以很多人都被脑白金绑架了，过年过节就去买脑白金送礼，而史玉柱似乎深谙此道，每一个广告，都是跟情有关，都是强调在送礼，喜欢史玉柱产品的人不需要自己埋单，等着别人送礼就行了；而礼为人之常情，所以，脑白金、黄金酒都跟送礼有关了。

"五种粮食，六味中药，古法酿造，开盖清香，入口柔和，饮之大补。"2008年10月28日，史玉柱旗下的巨人投资与五粮液保健酒公司在北京人民大会堂隆重推出了这款保健酒——黄金酒。

黄金酒的广告："入口柔，一线喉，我女儿买的，要喝让你儿子买去。"儿子不能看着自己的老爸没有酒喝，所以只能乖乖地去买酒了。

软文加广告，如此熟悉的营销模式自然让人想起史玉柱。这又是出自史玉柱的手笔。史玉柱把送礼和广告嫁接在一起，也让消费者不得不买酒表孝心。

　　广告有时也会产生一些不好的影响，成为市场毒药，特别是有些企业借明星的脸趁机吹牛骗人，以欺骗方式进行不真实的广告宣传。楼盘、汽车、手机、饮料、皮包、服装、药品、食品，几乎各类商品都在找明星进行宣传。明星作为一个公众人物，代言某一产品，消费者就不自觉地把对明星的仰慕转移到商品上，很大程度上引领消费趋向。

PART 08
福利经济学

财产保险：让你高枕无忧

准确地说，财产保险是指以各种财产物资和有关利益为保险标的，以补偿投保人或被保险人的经济损失为基本目的的一种社会化经济补偿制度。财产保险是包括财产损失保险、责任保险、信用保证保险和农业保险四大类在内的财产保险体系。

财产损失保险是以承保客户的财产物资损失危险为内容的各种保险业务的统称，也是保险公司最传统、最广泛的业务。常见的是火灾保险，如团体火灾保险、家庭财产保险等；各种运输保险，如机动车辆保险、飞机保险、船舶保险、货物运输保险等；各种工程保险，如建筑工程保险、安装工程保险、科技工程保险等。

责任保险的保险标的是某种民事赔偿责任，具体说来是致害人（被保险人）对受害人（第三者）依法应承担的民事损害赔偿责任或经过特别约定的合同责任，当被保险人依照法律需要对第三者负损害赔偿责任时，由保险人代其赔偿责任损失。责任保险包括：公众责任保险、产品责任保险、雇主责任保险及职业责任保险等。

信用保证保险包括信用保险和保证保险。比如，你的公司向国外某企业出口了一批货物，但是你对买方能不能守信心里没底，你就可以向保险公司购买一份保险合同，约定你支付保费后，如果对方破产或赖账，就由保险公司代替买方企业向你偿还货款，这就是信用保险。再比如你想贷款买一部车，可是银行并不知道你姓甚名谁，对你的信用状况没有把握，银行就会要求你到保险公司为自己购买一份保险合同，约定如果你不能偿还贷款，由保险公司承担偿还责任，这就是保证保险。

农业保险则是指专为农业生产者在从事种植业和养殖业生产过程中，对遭受自然灾害和意外事故所造成的经济损失提供保障的一种保险。

财产保险的一个很大特点是损失补偿，它强调保险人要按照约定赔偿损失，而不允许被保险人通过保险获得额外利益。这就是我们所了解的损失补偿原则。

而对大多数人来说，买一份家庭财产保险是最值得关注的事。如果财产受损，就可以从保险公司获得经济补偿。为了保障自己的利益，购买家庭财产保险时，你需要多留心、多注意：

（1）应当清楚为哪些财产投保财产险。这既要看自身的保险需求和财产险所能发挥的作用，也要结合保险公司的要求。比如，并不是所有的财产都能投保财产险，保险公司对可承保的财产和不保的财产都有明确的规定。像房屋、家具、家用电器、文化娱乐用品等可以投保财产险，而金银、珠宝、字画、古玩等的实际价值不易确定，这类家庭财产必须由专门的鉴定人员作出鉴定，经投保人和保险公司特别约定后才能作为保险标的。另外，保险公司通常还对一些家庭财产不予承保财产险，具体包括：损失发生后无法确定具体价值的财产，如票证、现金、有价证券、邮票等；日用消费品，如食品、药品、化

妆品之类；法律规定不允许个人收藏保管的物品，如枪支弹药、毒品之类。

（2）要注意家庭财产险的保险责任。一般的家庭财产综合险只承担两种情形造成的损失，一种是自然灾害，另一种是意外事故，如果财产被偷，这不是财产综合险的责任范围，保险公司不会给你赔偿，所以你最好给财产投保盗窃附加险。

除了上面提到的保险范围和保险责任外，你还需要了解除外责任、赔付比例、赔付原则、保险期限、交费方式、附加险种等内容，明确未来所能得到的保障。

（3）确定保险金额，避免超额投保和重复投保。按照保险公司的赔付原则，如果财产的实际损失超过保险金额，最多只能按保险金额赔偿；如果实际损失少于保险金额，则按实际损失赔偿。所以，在确定保险金额时，保险金额不要超出财产的实际价值，不然你就得白白地多交保险费。有些人将同一财产向多家保险公司投保，这也是不可取的，因为财产发生损失时，各家保险公司只是分摊财产的实际损失，投保人得不到什么额外的好处。

（4）仔细填写保单，办好投保手续。保险公司会要求你提供一些证明材料，你事先要做好准备。填写保险单据时，明确姓名、地址、财产项目及各项目的保险金额等内容。如果你的财产存放在多个地点，最好分别进行投保。如果你的地址有所变更，需到保险公司办理变更手续。

（5）及时按约定交保险费，妥善保存保险单。保险合同里已经约定好交费方式，如果你没有遵照约定，保险公司是可以不承担赔付责任的。

（6）出险后的注意事项。财产一旦出险，应当积极抢救，避免损失扩大。与此同时，应保护好现场，及时向公安、消防等部门报案，向他们索取事故证明。还要尽快向保险公司报案，向保险公司提供保险单、事故证明等必要单证。

保险：风险与风险社会下的明智选择

约公元前1000年的地中海是东西方贸易的重要交通要道。有一次，海上电闪雷鸣、风雨交加，一支商船船队满载贸易货物在波涛汹涌的大海上时沉时浮。眼看狂风巨浪越来越猛烈，商船时刻都有倾覆沉没的危险。船队队长当机立断，命令全部商船向大海中抛弃货物！各船船舱中最靠近甲板的货物被扔进大海，船只重量变轻了，终于躲过一劫。风暴过后，各商船清点损失的货物，有的货主损失得多，有的则损失得少，为了公平起见，最终所有损失由所有货主共同分担。这种"人人为我，我为人人"的共同承担风险损失的办法，就是近代保险的萌芽。

保险就是投保人根据合同约定，向保险人支付保险费，保险人对合同约定的可能发生的事故发生而造成的财产损失承担赔偿责任，或者当被保险人死亡、伤残或达到合同约定年龄、期限时承担给付保险金责任的商业行为。

值得注意的是，保险中的可保风险仅指"纯风险"。纯风险的意思是说只有发生损失的可能，而没有获利的可能。比如财产被盗、身体得病等风险就是一种纯风险，只会遭受损失而不可能获利。投资股票亏损就不是纯风险，因为投资股票可能会赚大钱。所以，保险公司一般不为股票上保险。具体来说，可保风险必须具备以下条件：

（1）损失程度高。如果潜在损失不大，微不足道或者人们完全可以承受，这类风险根本不用采取"保险"。比如您根本不会因为担心遗失一个苹果而专门买保险。

（2）损失发生的概率小。如果损失发生的概率本身就很高，对这样的风险投保意味着昂贵的保费，也就谈不上转移、分散风险了。比如，某地区新自行车失窃率高达40%，如果对新自行车投保，您需要支付40%的纯保费，外加保险公司为弥补营业开支而收取的保费（比如10%），那么总保费就达到了车价的一半！显然投这样的险很不划算。

（3）损失有确定的概率分布。保险公司在确定收取保险费时，需要明确这种风险发生的可能性有多大，发生后造成的损失有多大，然后才能据此计算应交纳的保费。因此，保险公司必须掌握风险损失发生的概率分布，还要根据外部环境的变化及时调整这些数据。

（4）存在大量具有同质风险的保险标的。任何一个险种，保险标的数量必须足够大，否则就起不到分散、转移风险的作用。另外，根据"大数定律"，投保的人越多，保险标的越多，风险发生的概率和损失程度越稳定，这显然更有利于保险公司测算风险，保证稳定经营。

（5）损失发生必须是意外的。如果故意为之，保险公司将不予赔付。

（6）损失必须可以确定和测量。损失一旦发生，保险公司需要明确损失价值并给予赔偿，若不能确定和测量，就无法进行保险。

可保风险与不可保风险的区别并不是绝对的。比如在过去、战争、地震、洪水等巨灾风险一旦发生，保险标的会普遍受损，而且损失相差很大，由于保险公司财力不足、保险技术落后及再保险市场规模较小，这类风险一般不列为可保风险。但是近年来随着保险公司实力日渐雄厚，加上再保险市场规模扩大，这类巨灾险也被某些保险公司列入保险责任范围之内。

保险实际上是一种分散风险、集中承担的社会化安排。对于整个社会经济而言，保险能够起到维持经济发展的连续性的重要作用。在遇到重大灾害性事件时，巨大损失会严重冲击社会经济的稳定发展，甚至使社会经济发展的链条发生断裂，而保险则能够起到缓冲和补救作用，帮助社会渡过难关。2001年9月11日，美国遭遇严重的恐怖袭击，世贸大楼被撞塌，数千精英殒命，损失巨大。但由于完善的保险体系，全球保险业为此偿付保险金达数百亿美元之巨，美国经济也因此没有出现剧烈动荡。

我们常说保险就像蓄水池，每个人拿出一点保费，保险公司把这些资金集中起来可以弥补少数不幸者所遭受的损失。显然，如果参与这个蓄水池机制的人越多，蓄水池的作用发挥就会越稳定。

人身保险：与你共渡难关

人身保险就是以人的寿命和身体为保险标的的一种保险。投保人按照保险合同约定向保险人交纳保险费，当被保险人在合同期限内发生死亡、伤残、疾病等保险事故或达到合同约定的年龄、期限时，由保险人依照合同约定承担给付保险金的责任。

我们知道，财产保险强调损失补偿，但是人身保险就不同了，它的标的是人的生命和身体，可人的生命和身体是不能用货币来衡量的，更不可能要求保险公司向车祸中失去双腿的被保险人"补偿损失"。也就是说，人身保险合同的保险金额不像财产保险那样以保险标的价值为依据，而是依据被保险人对保险的需求程度、投保人的缴费能力以及保险人的可承受能力来确定的。只要您愿意，您就可以为自己或他人购买多份人身保险合同。人身保险讲究保险受益人应依法受益，除了医药费不能重复给付外，您可以获得多份保险金。

传统人身保险的产品种类繁多，但按照保障范围可以划分为人寿保险、人身意外伤害保险和健康保险。

人寿保险又可分为定期寿险、两全保险、年金保险、疾病保险等，健康保险则又可分为疾病保险、医疗保险、失能收入损失保险、护理保险等。其中，年金保险因其在保险金的给付上采用每年定期支付的形式而得名，实际操作中年金保险还有每季度给付、每月给付等多种形式。养老年金保险可以为被保险人提供老年生活所需的资金，教育年金保险则可以为子女教育提供必要的经费支持。

同时，消费者可能会在人身意外伤害保险和定期寿险的选择上难以抉择，其实两者还是有较大不同的。首先意外伤害保险承保因意外伤害而导致的身故，不承保因疾病而导致的身故，而这两种原因导致的身故都属于定期寿险的保险责任范围。其次，意外伤害保险承保因意外伤害导致的残疾，并依照不同的残疾程度给付保险金。定期寿险有的不包含残疾给付责任，有的虽然包含残疾责任，但仅包括《人身保险残疾程度与保险给付比例表》中的最严重的一级残疾。最后，意外伤害保险一般保险期间较短，多为一年及一年期以下，而定期寿险则一般保险期间较长，可以为5年、10年、20年甚至更长时间。

而随着经济的发展，资本市场化程度的日益提高，近几年在国内投资市场上又出现了将保障和投资融为一体的新型投资型险种，主要包括分红

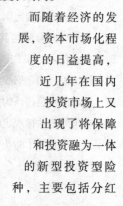

型、万能型、投资联结型等三种类型。

分红型保险，是指保险公司将其实际经营成果优于定价假设的盈余，按照一定比例向保单持有人进行分配的人寿保险。与普通型产品相比，分红型产品增加了分红功能。但需要注意的是，其分红是不固定，也是不保证的，分红水平与保险公司的经营状况有着直接关系。通常来说，在保险公司经营状况良好的年份，客户可能分到较多的红利，但如果保险公司的经营状况不佳，客户能分到的红利就可能比较少甚至没有。

万能型保险指包含保险保障功能并设立有保底投资账户的人寿保险，它具有以下特点：一是兼具投资和保障功能。保费的一部分用于提供身故等风险保障，扣除风险保险费以及相关费用后，剩余保费在投资账户中进行储蓄增值。二是交费灵活、收费透明。通常来说，投保人交纳首期保费后，可不定期不定额地交纳保费。同时，与普通型又称传统型人身保险产品及分红保险不同，保险公司向投保人明示所收取的各项费用。三是灵活性高，保额可调整。账户资金可在一定条件下灵活支取。投保人可以按合同约定提高或降低保险金额。四是通常设定最低保证利率，定期结算投资收益。此类产品为投资账户提供最低收益保证，并且可以与保险公司分享最低保证收益以上的投资回报。

投资联结型保险是指包含保险保障功能并至少在一个投资账户拥有一定资产价值的人寿保险，其具备万能险第一、第二项的特点，但两者之间也有不同。投资联结型险灵活性高，账户资金可自由转换。由于投资联结型保险通常具有多个投资账户，不同投资账户具有不同的投资策略和投资方向，投保人可以根据自身偏好将用于投资的保费分配到不同投资账户，按合同约定调整不同账户间的资金分配比例，并可以随时支取投资账户的资金。

人身保险合同与其他保险合同一样，要求投保人、被保险人和保险人做到最大诚信。如果您误报、漏报、隐瞒年龄和身体健康状况等事实，保险公司有权更正，如果您少缴保费了，就得补缴；如果您多缴了，保险公司就得退还。如果保险公司认为您没有尽到最大诚信原则，保险公司可以解除合同。当然，在国外，法律规定保险公司只能在两年内要求解除合同，两年之后就不可以了，这也是为了防止保险公司滥用最大诚信原则，随便解除合同。

投保与理赔：条款看清楚，投保理赔不迷糊

买保险时，投保人要和保险公司签订保险合同，这是一份很重要的法律文书，它记载了投保人和保险公司各自的权利和义务，直接关系到保险所能给予的保障程度。在签订保险合同之前，投保人一定要准确理解保险合同中的每一条款。一般来说，保险合同有如下一些基本内容：

（1）当事人的姓名和住所。

（2）保险标的。通俗地讲，就是为什么东西保险，保险的对象既可以是财产，也可以是人的寿命和身体，它是确定保险金额的重要依据。

（3）保险责任与责任免除（也称除外责任）。不是任何险都能保的，保险合同中通常明确了保险公司的赔付范围，只有在此范围以内，保险公司才承担赔偿责任。例如，财产险一般只承担两种情形造成的损失，一种是自然灾害，如雷击、洪水、破坏性地震；另一种是意外事故，如火灾、爆炸。另外，保险合同还载明保险公司不承担赔偿责任的风险项目，例如，被保险人故意将财产损坏、战争使财产损毁等，保险合同将这些情形规定为责任免除，保险公司可以据此不予赔付。

（4）保险期间和保险责任开始时间。保险期间是指保险责任的有效期限，如果在这一期限内发生保险事故，保险公司才会予以赔付。保险期间是计算保险费的重要依据。保险责任开始时间则是指保险公司开始承担赔偿责任或给付保险金的时间。

（5）保险价值。保险价值就是保险标的的价值，它是确定保险金额和损失赔偿额的重要依据。对于多数财产类标的，可以利用标的市场价格来评价标的的保险价值，而有些标的没有市场价格，这时就需要投保人和保险公司双方约定保险价值。如果保险合同里事先约定了保险价值，这种保险就叫定值保险，当发生保险事故时，不管财产的实际价值有多少，都只根据合同中约定的保险价值计算赔偿金额。

（6）保险金额。通俗地说，保险金额就是指保险公司最多赔付多少钱。保险费就是根据保险金额算出来的。比如财产保险，一所住宅的实际价值为100万元（保险价值），保险金额可以低于或等于100万元，但不能超过100万

元，否则合同就将无效。而人身保险，由于人的身体和寿命无法用金钱衡量，故由投保人和保险公司双方约定一定数量的保险金额。

（7）保险费。保险费就是人们俗称的保费，是指被保险人参加保险时，根据其投保时所订的保险费率，向保险人交付的费用。

（8）保险金赔偿给付办法。保险合同中需要明确保险公司支付保险金的办法、标准和方式。原则上，保险公司赔偿应支付现金，但财产险的赔付也可以采用修复或重置的方式。保险合同中也规定免赔额或免赔率，设置这一条款主要是为了减少投保人故意损坏财产的道德风险，控制保险公司的责任。

（9）违约责任和争议处理。当事人如果出现违约，应当承担什么样的法律责任？如果出现争议，应采用何种处理争议的方式？保险合同也对这两个问题提前作出了明确的规定。

而理赔则是指保险事故发生后，保险人对被保险人所提出的索赔案件的处理。被保险人遭受灾害事故后，应立即或通过理赔代理人对保险人提出索赔申请，根据保险单的规定审核提交的各项单证，查明损失原因是否属保险范围，估算损失程度，确定赔偿金额，最后给付结案。如损失系第三者的责任所致，则要被保险人移交向第三者追偿损失的权利。那么，如何实现保险理赔呢？必须注意以下两个方面：

（1）把握索赔时效。发生保险事故后，如果在保险公司的保险责任范围内，被保险人或受益人有权利向保险公司请求赔付保险金，保险公司有义务受理索赔申请，承担赔付责任。不过保险公司的这项义务并非一直存在，有一个有效期限。如果在有效期内索赔，保险公司必须予以受理，如果超过期限，保险公司可以认为被保险人或受益人放弃索赔权利，从而拒绝受理索赔。理论上将这一期限称为索赔时效。按照我国《保险法》的规定，人寿保险的索赔时效为两年，其他保险的索赔时效为5年。索赔时效的起算日不一定是发生保险事故的当天，而是被保险人或受益人是哪一天知道保险事故发生的，那一天就作为起算日。

（2）备齐申请理赔手续。索赔时需要提供的单证主要包括：保险单或保险凭证的正本、已交纳保险费的凭证、能证明保险标的或者当事人身份的有关原始文本、索赔清单、出险检验证明，还有根据保险合同规定需要提供的其他文件。

医疗保险：看病不再难

医疗保险是国家和社会根据一定的法律、法规，为向保障范围内的劳动者提供患病时基本医疗需求保障而建立的社会保险制度。基本医疗保险基金由统筹基金和个人账户构成。职工个人交纳的基本医疗保险费全部计入个人账户；用人单位交纳的基本医疗保险费分为两部分，一部分划入个人账户，一部分用于建立统筹基金。

一、医改

医改一直是万众瞩目的焦点。以前的医疗改革过度强调市场化，结果造成了百姓看病贵、看病难等现象的发生。

"看病难、看病贵"，经常能听到老百姓这样抱怨。据卫生部公布的第三次全国卫生服务调查数据表明：在城镇约有48.9％的居民有病不就医，29.6％的患者应该住院而不住院。医改方案，始终牵动着中国百姓的心。

2009年1月21日，国务院常务会议审议并原则通过《关于深化医药卫生体制改革的意见》和《2009～2011年深化医药卫生体制改革实施方案》。新方案对目前各项医保制度未能覆盖的遗漏人群，如困难企业、农民工、在校大学生如何参加医疗保险，给出了明确的制度安排。新医改方案提出，各级政府预计在2009～2011即3年间投入8500亿元用于五项医改。

五项医改重点包括了医保、基本药物、基层医疗服务体系、公共服务均等化、公立医院改革。从指导意见公布到方案敲定，再到实施方案落实，新医改终于迈入实施操作的新征程。

在扩大医保覆盖面上，新医改有更明确的时间表和人群范围。即在3年内，城镇职工和居民基本医疗保险及新

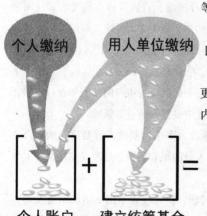

个人缴纳　　用人单位缴纳

个人账户　　建立统筹基金　　基本医疗保险基金

型农村合作医疗参保率达到90%以上。对目前各项医保制度未能覆盖的"遗漏"人群，如农民工如何参加医疗保险，给出了明确制度安排。农民工参加医保有两种途径，一是在城镇有正式劳动合同的农民工，参加城镇职工医保；一是流动性比较强的农民工，则可参加新型农村合作医疗。

覆盖人群扩大到农民工和大学生等。而对于"困难企业职工和退休人员参保难"问题的解决办法是，政府财政出钱补助其参保。困难企业多指经营困难的老国有企业，由于交不起或者不能足额交费，职工和退休人员的医保权益不能得到保障。

除上述人群外，修订后的医改方案还提出一个新的医保覆盖目标人群——所有在校大学生纳入城镇居民医保。目前"统招"的部属重点大学或省级重点大学的学生仍实行公费医疗，类同于公务员，但也有部分高等院校学生已纳入城镇居民医保。实行这项改革意味着所有类型高等院校的学生，将不再享受公费医疗，进入医保序列。

同时，财政补助医保的水平也将提高。即到2010年，对城镇居民医保和新农合的补助标准提高到每人每年120元。

除此之外，医改方案对医保保障水平、基金结余率等也提出了新的政策要求。新方案提出，要提高新型农村合作医疗和城镇居民医保封顶线，即提高这两项医保最高报销水平。相比城镇职工医保的3万～8万，城镇居民医保和新农合封顶线多为1万～3万。

按照新医改的设计思路，老百姓的看病难、看病贵将得到缓解。我国现有的医疗资源约80%集中在城市，其中30%又集中在大医院。基层卫生服务和农村的卫生资源严重不足，直接导致了大医院门庭若市，社区医院则门可罗雀。新医改将立足于健全基层医疗建设，明确将重点加强县级医院、乡镇卫生院、边远地区村卫生室等建设。新医改的千亿巨资将重点向基层和农村倾斜，其中，基层卫生建设将列为新增1000亿元中央投资的重要领域。

除了资金设备需要财政保障，新医改方案也已明确，将要重点加强公共卫生、农村卫生等专业技术人员和护理人员的培养培训，以改变基层医疗卫生人力资源短缺的现状。

为解决人们所普遍反映的看病贵问题，新医改也给出一定的制度安排。我国的药费占到整个医疗费用的一半以上，而其他国家药品费用占的比例一般

保险规划：不同的人如何买保险

买保险可算得上是一门学问：那么多保险产品，哪一款最适合你？那么多保险公司，哪一家应是你的首选呢？合理制定保险规划，选择合适的保险产品和保险公司，降低投保风险，最大限度地保障自身利益，是每一个投保人最关心的事情。

在购买保险之前，你最好制定一份明确的保险规划，做到既不花冤枉钱，又能使自己的利益得到充分的保障。

（1）分析家庭面临的风险，明确保险需求。家庭会面临哪些风险呢？可以从两个方面去考虑：一是家庭财产，比如家里可能会遭受火灾，家里的财产说不准会被盗窃；二是人身方面，如家里人生病或者死亡、子女未来的教育、自己以后的养老等，这些方面面临一些不确定性，需要得到保障。在分析家庭未来可能遭遇的变数的基础上，你需要明确购买哪些种类的保险，做到有针对性的准备。当然，你可以考虑几种保险的搭配，以便获得较周全的保障。

（2）选择具体的保险产品。你要考虑许多问题：一是确定保险金额。一般来说，保险金额越高，保险费相应也越多，所以得量力而行，根据自己的收入状况确定适当的保险金额。比如，可以将寿险的保险金额确定为年收入的3～5倍，将意外险的保险金额确定为年收入的8～10倍等。二是确定保险期限。这涉及未来交纳保险费的数量与频率，所以你得大致估量未来的收入和支出。三是选择保险公司。保险公司的好坏关系到未来的各种保障，请尽量选择经营稳健、服务优良的保险公司。购买保险时，你还应读懂每项保险条款，尤其要注意保险责任条款与责任免除（也称除外责任）条款。前者规定在哪些情况下保险公司承担赔付责任，而后者则是规定在哪些情况下保险公司不承担赔付责任。例如，保险合同明确规定无照驾车属于责任免除，当被保险人无照驾车发生意外时，保险公司就不承担赔付责任。

（3）定期调整保险计划。随着时间的推移，家庭可能面临新的风险，保险需求、收入水平也会出现变化。鉴于此，你可以考虑每隔几年定期调整保险计划和保险产品，从而享受充分的保障。

人活一辈子不容易，饱经风霜，历尽艰辛。一生平安当然是最好的，但谁能保证未来就没有什么疾病灾祸？未雨绸缪，还是买点保险，先有个准备为好。不同年龄段的人，对保险的需求也有所不同。买保险时，应该挑选最适合的保险品种。

（1）儿童。儿童最需要健康和教育这两方面的保障，家长们可以考虑为他们购买健康险和教育金险。健康险是以被保险人的健康状况为基础，以补偿被保险人的医疗费用为目的的一类保险，包括疾病保险、医疗保险、护理保险等。教育金险具有储蓄功能，相当于为短期的大笔教育支出做长期准备。购买教育金险时，家长们应根据家庭经济状况选择适合的保险金额，随着收入的增长而逐步提高保险金额。

（2）年轻人。年轻人应当首先考虑充足的疾病保障与意外保障。疾病险和意外险的费用都不高，这对于没有多少积蓄而开支却很大的年轻人来说，是比较实惠的选择。如果收入还有些节余，也可以为自己的养老或为支持家庭做准备，适当购买养老金保险和人寿保险。

（3）中年人。中年人关心自己现在以及退休以后的生活保障，优先考虑的险种应当是健康险、人寿保险和养老金保险。除此以外，还可以适当考虑规划自己的财富，购买一些具有投资功能的保险、投资联结保险和万能保险。

（4）老年人。随着年龄的增长，疾病慢慢找上门来，老年人更需要健康和生活方面的保障。退休后，尽管可以享受年轻时为自己保险的成果（如养老金保险），但也还需要再购买一些保险，如疾病保险、看护保险、意外保险等。

购买保险时，应当先明确保险目的，有针对性地选择相应的保险品种，尽量将多个险种搭配起来，既可以节省部分费用，也能够获得周全的保障。

社会保障体系：真正为弱势群体办实事

曾在广东务工8年的四川农民工肖军带着被解职的怨气说："我们没日没夜地干活，为老板赚钱，但金融危机一来，老板就让我们滚蛋，在这样的工作环境中，我们怎么能找到'家'的感觉？"肖军是去年因金融危机而失业回乡的农民工之一，一说起这样的经历，就感觉特别委屈。

　　曾与妻子双双在广东东莞一家工厂务工的四川省金堂县人罗世彬，自去年国际金融危机爆发被工厂辞退回到老家后就再也没想过回到东莞，尽管他们现在还没有找到一份满意的工作。"在那边打工，什么保障也没有，"他对记者说，"我在广东务工的地方是一个只有十几个人的小厂，在这个厂工作了两年多，一直都是每个月1200元左右，没加过薪、没拿过任何补贴或福利。经济稍不景气，就让我们走人。走的时候，我们真的很伤心。"

　　这其实是我们社会的一个尴尬，只要企业经济不景气，员工就要被逼着滚蛋。出现这种问题的原因在于，我们没有完善的社会保障体系。

　　在金融危机到来之际，2009年春节期间的农民工返乡潮，曾让西部地区大费了一番周折，想了很多办法让这些农民工就近就业和参加技术培训。2008年底，四川省巴中市南江县就多次组织县就业局、建设局、农业局、扶贫开发办和一些技术学校，采取集中培训与送课下乡相结合的办法，对3000多名缺乏技能的返乡农民工进行木工、砖工、电焊工等专业技术培训。后又根据返乡农民工的从业特点、行业分布、劳动技能等状况，以"自愿、对口、就近"的原则，将1万多名具有相当技能的返乡农民工安置到城乡住房、基础设施等灾后恢复重建工程中就业。

　　这只是一个权宜之计，我们更需要建立一个覆盖全体国民的社会保障体系，只有所有国民都在这张网中，社会才能稳步、有序、健康地发展。

　　社会保障体系是指社会保障各个有机构成部分系统的相互联系、相辅相成的总体。完善的社会保障体系是社会主义市场经济体制的重要支柱，关系改革、发展、稳定的全局。我国的社会保障体系，包括社会保险、社会福利、社会救助、社会优抚四个方面。这几项社会保障是相互联系，相辅相成的。社会保障体系是社会的"安全网"，它对社会稳定、社会发展有着重要的意义。

　　社会保险：社会保险在社会保障体系中居于核心地位，它是社会保障体系的重要组成部分，是实现社会保障的基本纲领。一是社会保险目的是保障被给付者的基本生活需要，属于基本性的社会保障；二是社会保险的对象是法定范围内的社会劳动者；三是社会保险的基本特征是补偿劳动者的收入损失；四是社会保险的资金主要来源于用人单位（雇主）、劳动者（雇员）依法缴费及国家资助和社会募集。

　　社会福利：社会福利是社会保障的最高层次，是实现社会保障的最高纲领和目标。它的目的是增进群众福利，改善国民的物质文化生活，它把社会保障推上最高阶段；社会福利基金的重要来源是国家和社会群体。

社会救助：社会救助属于社会保障体系的最低层次，是实现社会保障的最低纲领和目标。一是社会救助的目的是保障被救助者的最低生活需要；二是社会救助的对象主要是失业者、遭到不幸者；三是社会救助的基本特征是扶贫；四是社会救助的基金来源主要是国家及社会群体。

社会优抚：社会优抚安置是社会保障的特殊构成部分，属于特殊阶层的社会保障，是实现社会保障的特殊纲领。社会优抚安置目的是优待和抚恤；社会优抚的对象是军人及其家属；社会优抚的基本特征是对军人及其家属的优待；社会优抚的基金来源是国家财政拨款。

社会保障是社会安定的重要保证。要以社会保险、社会救助、社会福利为基础，以基本养老、基本医疗、最低生活保障制度为重点，以慈善事业、商业保险为补充，加快完善社会保障体系。促进企业、机关、事业单位基本养老保险制度改革，探索建立农村养老保险制度。全面推进城镇职工基本医疗保险、城镇居民基本医疗保险、新型农村合作医疗制度建设。

完善的社会保障体系，历来被称为人民生活的"安全网"、社会运行的"稳定器"和收入分配的"调节器"，是维护社会稳定和国家长治久安的重要保障。加快建立覆盖城乡居民的社会保障体系，推动和谐社会建设和经济社会又好又快发展。

创新与发展：不断开拓的微观经济学